AGÊNCIAS, CONTRATOS E OSCIPS

Marcelo Douglas de Figueiredo Torres

AGÊNCIAS, CONTRATOS E OSCIPS

a experiência pública brasileira

ISBN — 978-85-225-0619-4

Copyright © Marcelo Douglas de Figueiredo Torres

Direitos desta edição reservados à
EDITORA FGV
Rua Jornalista Orlando Dantas, 37
22231-010 — Rio de Janeiro, RJ — Brasil
Tels.: 0800-21-7777 — 21-2559-4427
Fax: 21-2559-4430
e-mail: editora@fgv.br
web site: www.editora.fgv.br

Impresso no Brasil / *Printed in Brazil*

Todos os direitos reservados. A reprodução não autorizada desta publicação, no todo ou em parte, constitui violação do copyright (Lei nº 9.610/98).

Os conceitos emitidos neste livro são de inteira responsabilidade do autor.

1ª edição — 2007

PREPARAÇÃO DE ORIGINAIS: Claudia Gauvêa

EDITORAÇÃO ELETRÔNICA: FA Editoração

REVISÃO: Aleidis de Beltran, Mauro Pinto de Faria e Tatiana Viana

CAPA: aspecto:design

Ficha catalográfica elaborada pela
Biblioteca Mario Henrique Simonsen/FGV

Torres, Marcelo Douglas de Figueiredo
    Agências, contratos e Oscips: a experiência pública brasileira / Marcelo Douglas de Figueiredo Torres — Rio de Janeiro : Editora FGV, 2007.
    180p.

    Inclui bibliografia.

    1. Administração pública — Brasil. 2. Terceiro setor. 3. Sociedade civil. I. Fundação Getulio Vargas. II. Título.

CDD — 353

Quero indagar se pode existir, na ordem civil, alguma regra de administração legítima e segura, tomando os homens como são e as leis como podem ser.

Jean-Jacques Rousseau, *Do contrato social*. Livro Primeiro, p. 21.

SUMÁRIO

9	Agradecimento
11	Apresentação
15	Capítulo I — Contratualização na administração pública brasileira
39	Capítulo II — Contratualização na administração pública federal
49	Capítulo III — Agências executivas
61	Capítulo IV — Organizações sociais
79	Capítulo V — Oscips federais
89	Capítulo VI — Agências reguladoras
115	Capítulo VII — Quadro-resumo da contratualização no governo federal
117	Capítulo VIII — Experiência de contratualização em Minas Gerais
121	Capítulo IX — Acordo de resultados em Minas Gerais
135	Capítulo X — Oscips em Minas Gerais
149	Capítulo XI — Informação e controle social na administração pública
163	Conclusão
177	Bibliografia

AGRADECIMENTO

Pessoas e situações são especialmente únicas. Em minha vida, sempre tive a dádiva de encontrar as pessoas certas nas situações mais adversas. Do pouco que faço ou realizo sou fortemente tributário de ajudas decisivas. Pessoas próximas, distantes, queridas ou simplesmente anônimas sempre estenderam suas mãos generosas em minha direção nos momentos mais terríveis. Desta forma, aproveito este espaço para agradecer a todos que, de alguma forma ou em determinado momento, literalmente, me socorreram. Na impossibilidade de relacionar todas essas pessoas, gostaria de representá-las nas figuras especialíssimas de Domingos Sávio Ladeira, Josué Pereira de Figueiredo e Maria Eliza Sganserla.

APRESENTAÇÃO

Como se pode observar pela citação de um trecho do clássico trabalho de Rousseau, este livro pretende fazer uma análise realista da administração pública brasileira, especialmente no que se refere ao recente processo de contratualização e agencificação. A premissa é importante por pretender distinguir, com clareza, entre intenções e resultados, teoria e prática, sonhos e realidade. Claramente percebemos que, ao longo da história da administração pública brasileira, várias tentativas de inovação institucional, com as melhores intenções, foram realizadas exaustivamente, como em 1936 e 1967, com a criação do Departamento Administrativo do Serviço Público (Dasp) e do Decreto-lei nº 200, respectivamente. No entanto, quando se analisam mais detidamente os resultados desses processos, observa-se que existe uma diferença enorme entre o que foi inicialmente elaborado e pretendido e o que foi efetivamente realizado e implantado. Assim, faremos uma análise do processo de contratualização de maneira realista e pragmática, deixando temporariamente de lado os objetivos estratégicos, ideológicos, as razões políticas e intenções pessoais dos que lutaram e vêm lutando para implantar esse novo modelo de gestão. Perseguindo esse desiderato, iremos prioritariamente focar nossa análise nos resultados mais práticos e objetivos que têm caracterizado essa experiência inédita na administração pública brasileira.

Objetivando evitar erros, avaliações e conclusões precipitadas, devem-se mencionar algumas dificuldades que um estudo como este usualmente encontra. Inicialmente, cabe ressaltar a escassa bibliografia disponível sobre o assunto, especialmente quando focamos a experiência brasileira. Em alguma medida, esse trabalho, dentro de suas limitações, procura contribuir no sentido de suprir, com informações e análises, esse imenso vazio que observamos na literatura especializada sobre o tema no Brasil.

Por outro lado, tendo em vista a escassa bibliografia, foi feito um esforço adicional para contornar essa dificuldade com uma análise profunda e detalhada da ampla legislação existente sobre a matéria. Assim, na ausência de uma boa e variada bibliografia na literatura especializada, o trabalho centra-se na análise e na aplicação da legislação, direcionando o foco do livro para as experiências concretas que observamos nos planos federal e estadual, este representado pelo caso de Minas Gerais.

O fato de a experiência brasileira ser recente e, em alguma medida, restrita e pouco expressiva, também representa outra gama de dificuldades para o trabalho. Essa especificidade torna temerária e imprecisa uma análise mais conclusiva dessa recente experiência que tem marcado a administração pública brasileira. Nesse sentido, boa parte do que será discutido e analisado no livro apresenta inevitavelmente um caráter preliminar e indicativo, jamais pretendendo ser uma análise definitiva e conclusiva de um processo que, para sermos precisos, ainda está em sua fase inicial.

Por outro lado, apesar do pouco tempo da experiência de contratualização e agencificação, já se faz necessário um esforço mais minucioso, crítico e detalhado no sentido de aferir os primeiros resultados desse processo, pela importância que ele pode representar na trajetória da administração pública brasileira.

Por se organizar o Brasil politicamente na forma de uma federação, com nítida e decisiva predominância da União, uma análise da experiência federal com a contratualização e agencificação pode significar expressiva contribuição para os entes subnacionais, que mais recentemente se dedicam a aprofundar esse modelo de gestão por resultados. Em última análise, um estudo dos erros e fracassos do modelo federal torna-se crucial na medida em que pode significar um aprendizado valioso para estados e municípios. Assim, em função da análise da experiência federal, equívocos podem ser evitados, atalhos podem ser construídos e sucessos devem ser reproduzidos a custos relativamente mais baixos para os entes subnacionais.

A importância de um livro como este pode ser medida em função do aprofundamento da experiência de contratualização nos estados, especialmente nos mais importantes da Federação, como São Paulo e Minas Gerais. Como não poderia ser diferente em uma federação, a experiência de contratualização é bastante variada, com marcos legais distintos entre os estados, apesar da forte referência da legislação federal. No estado de São Paulo já vai longe o processo de passar para as organizações sociais o gerenciamento de hospitais e prontos-socorros. Também o município de São Paulo, no início de 2006, já caminhava na mesma direção, editando uma legislação municipal e repassando para as organizações sociais o gerenciamento de hospitais públicos municipais.

Em várias passagens também é apontado no livro que, tendo em vista a menor visibilidade política dos estados em relação à União, os problemas relativos ao controle social tendem a assumir uma intensidade maior nas experiências subnacionais. Assim, essa peculiaridade inspira cuidados especiais no sentido de evitar que a corrupção e o patrimonialismo inviabilizem o processo de contratualização e agencificação nos estados e municípios.

Como o processo de agencificação e contratualização tem atingido áreas vitais para a população, especialmente no caso da saúde pública, o esforço no sentido de avaliar a experiência recente, corrigir rotas, evitar fracassos e reproduzir sucessos torna-se imperioso e inadiável. Tendo em vista a importância do assunto e o alto impacto dessa experiência, especialmente para a população de mais baixa renda, que depende integralmente dos serviços públicos prestados pelo Estado brasileiro, o aprofundamento da discussão é urgente e imprescindível.

Esse é o objetivo maior deste livro, que busca, ainda que com limitações, contribuir para o aperfeiçoamento da atuação do Estado brasileiro, tornando a administração pública mais democrática, eficiente e efetiva. Acreditamos sinceramente que jogando luz sobre as experiências federal e estadual de contratualização estaremos contribuindo para o aperfeiçoamento da ação estatal no Brasil, potencializando correções de rumo, evitando equívocos cometidos e reproduzindo experiências de sucesso já consolidadas.

Também é importante justificar a inclusão das Organizações da Sociedade Civil de Interesse Público (Oscips) neste trabalho. Em rigor, não existe propriamente um processo de contratualização na parceria entre a administração pública e as entidades do terceiro setor qualificadas como Oscips, apesar das metas, dos objetivos e da avaliação de resultados constantes nos termos de parceria.

No entanto entendemos que o contexto histórico que busca transformar a maneira de atuação do Estado é o mesmo que caracteriza todo o esforço de implantação das agências e do processo de contratualização. Em última análise, trata-se de uma flexibilização das regras administrativas que transforma radicalmente a forma de atuação da administração pública, transferindo às entidades qualificadas a tarefa de execução de políticas públicas de interesse social. Assim, por se situar no mesmo contexto histórico e na mesma linha de defesa da flexibilização das regras administrativas, caracterizando novas formas de intervenção do Estado, incluímos neste livro a experiência com o chamado terceiro setor.

Os capítulos do livro analisam cada formato jurídico adotado de forma bastante detalhada, tanto no nível federal quanto no estado de Minas Gerais. Assim, os capítulos se sucedem discutindo agências executivas, organizações sociais, Oscips e agências reguladoras, todas implantadas na União. Depois analisamos a experiência mineira, que introduziu com intensidade a figura do contrato de gestão representada pelos "acordos de resultados" e também criou uma legislação própria para as Oscips.

Como o controle social é princípio fundamental nas propostas de criação de novas agências e na disseminação de contratos de gestão, no último capítulo realizamos uma discussão problematizando alguns aspectos pouco considerados pela literatura, que usualmente superestima a capacidade da sociedade em realmente controlar o Estado. Com essa finalidade, aprofundamos a discussão sobre a informação, investigando as dificuldades encontradas em sua disseminação, apropriação e no aproveitamento por parte do cidadão e da sociedade.

Por fim, uma última consideração deve ser mencionada: há uma constante e insistente citação da vasta legislação que subsidia todo o processo de contratualização e agencificação. Assim, em determinados momentos, o texto torna-se pouco fluente. A justificativa é que o marco legal é muito vasto e repleto de detalhes importantíssimos que fazem a maior diferença no momento de avaliar o real impacto de toda essa reformulação da administração pública brasileira. Assim, diante da difícil opção entre clareza e objetividade, por um lado, e suavidade e fluência do texto, por outro, por dever de ofício optamos pelas primeiras.

CAPÍTULO I Contratualização na administração pública brasileira

Buscando superar limitações e desafios, a administração pública brasileira tem experimentado algumas transformações institucionais importantes nas últimas décadas. Naturalmente, o objetivo dos arranjos institucionais inovadores, com a conseqüente adoção de novos modelos de gestão, é sempre aprimorar a atuação da administração pública, almejando alcançar níveis mais elevados de eficiência e eficácia. A literatura especializada é unânime em apontar que a administração pública brasileira apresenta um enorme déficit de desempenho, o qual se traduz em prestação de serviços e bens públicos de péssima qualidade.

Em sintonia com os programas de reforma administrativa tentados em boa parte dos países democráticos, também o Brasil tem buscado algumas mudanças institucionais importantes. Nesse contexto, é interessante observar que as transformações que marcaram o intenso processo de aperfeiçoamento da administração pública em todo o mundo a partir da década de 1980, que se tornaram genericamente conhecidas como "nova gestão pública", implicaram a utilização de formatos jurídicos e institucionais diferentes. De modo geral, as transformações experimentadas em outros países abrigam uma quantidade enorme de formatos e instrumentos de gestão que foram adotados na busca por graus mais elevados de desempenho. Essas transformações gerenciais foram múltiplas e obtiveram graus diferenciados de sucesso em função de uma gama variada de razões: a cultura predominante na administração pública de cada país, o prestígio político das propostas de reforma administrativa, as condições históricas de eficiência e desempenho da burocracia pública, o nível de desenvolvimento social e institucional de cada sociedade, entre outros inúmeros fatores.[1]

---

[1] Para uma visão geral das reformas administrativas pelo mundo, consultar Pollitt e Bouckaert, 2002.

Juntamente com os instrumentos tradicionais, como descentralização, foco nos resultados, implantação de instrumentos de aferição de desempenho individual e institucional, incremento dos níveis de *accountability*, entre outros, a contratualização e a agencificação surgem como ferramentas importantes na busca por níveis mais elevados de desempenho no âmbito da administração pública. No plano internacional, a experiência inglesa foi das que mais intensamente adotaram o modelo de contratualização e agencificação, servindo como referência obrigatória para os demais países. Uma análise apenas quantitativa já diz muito da relevância da experiência inglesa, uma vez que entre 1988 e 1997 mais de 70% do *civil service* foram transferidos para as agências executivas, resultando na criação de quase 140 agências, sendo mais de 40 apenas no Ministério da Defesa.[2]

No Brasil, essa vasta experiência internacional se refletiu com mais intensidade a partir dos primeiros meses do governo do presidente Fernando Henrique Cardoso (FHC), que, na figura do ministro Bresser-Pereira, introduziu essa discussão no âmbito da administração pública. Assim, foram dados os primeiros passos no sentido de desenvolver uma legislação capaz de abrigar e dar sustentação ao processo de criação de agências e celebração de contratos de gestão, percebidos como alternativas modernas e viáveis para os eternos problemas de performance da administração pública brasileira.

Por outro lado, em um contexto mais amplo, o processo de contratualização pode ser também entendido como uma resposta do governo FHC ao que sua equipe de assessores mais próximos percebia como o retrocesso burocrático que teria sido consagrado na Constituição Federal de 1988 (CF/88). Com a volta da democracia, que possibilita o ressurgimento do pluripartidarismo e da disputa eleitoral, combinada com a baixa legitimidade do governo Sarney, que assume em péssimas condições institucionais devido à repentina morte do presidente Tancredo Neves, aumentam as pressões clientelistas sobre o Estado. Nesse contexto, a administração pública assume um papel preponderante no sentido de trazer governabilidade à coalizão vencedora da eleição indireta de 1985, aumentando exponencialmente o patrimonialismo e o nepotismo sobre o aparelho estatal.

Pelo recrudescimento do clientelismo a partir da transição democrática de 1985, a administração pública passou a ser o instrumento preferencial no sentido de garantir apoio político à coalizão de partidos políticos dominantes. Nesse aspecto, houve uma politização excessiva do aparelho estatal, que é partilhado vo-

---

[2] Costa, 2002:14, 37.

razmente pelos partidos políticos, intensificando o patrimonialismo e prejudicando intensamente a administração pública brasileira. A resposta da CF/88 naturalmente foi buscar resguardar o Estado dessa investida sem precedentes na história brasileira, estendendo para a administração indireta, até então totalmente autônoma, desgovernada e com regras próprias de organização, os controles burocráticos característicos da administração direta.

Nesse sentido, o diagnóstico observável no Plano Diretor da Reforma do Aparelho do Estado (1995:27-8) é absolutamente claro:

> A conjunção desses dois fatores leva, na Constituição de 1988, a um retrocesso burocrático sem precedentes. Sem que houvesse maior debate público, o Congresso Constituinte promoveu um surpreendente engessamento do aparelho estatal ao estender para os serviços do Estado e para as próprias empresas estatais praticamente as mesmas regras burocráticas rígidas adotadas no núcleo estratégico do Estado. A nova Constituição determinou a perda da autonomia do Poder Executivo para tratar da estruturação dos órgãos públicos, instituiu a obrigatoriedade de regime jurídico único para os servidores civis da União, dos Estados-membros e dos Municípios, e retirou da administração indireta a sua flexibilidade operacional ao atribuir às fundações e autarquias públicas normas de funcionamento idênticas às que regem a administração direta.

Assim, de alguma forma, o processo de contratualização e agencificação, à medida que busca aumentar a autonomia de gestão e as flexibilidades administrativas perdidas por autarquias e fundações na CF/88, representa uma tentativa de retorno a um modelo previsto no Decreto-lei nº 200/67. Por esse mandamento legal, parte da administração pública estava livre das supostas amarras institucionais burocráticas que sempre caracterizaram o Estado brasileiro. Tomando como exemplo a área de recursos humanos, vamos à redação precisa do artigo 96 do Decreto-lei nº 200/67: "Poderão ser contratados especialistas para atender às exigências de trabalho técnico em institutos, órgãos de pesquisa e outras entidades especializadas da Administração Direta ou autarquia, segundo critérios que, para esse fim, serão estabelecidos em regulamento".

No Brasil, a experiência inglesa também serviu como referência importante na formatação da proposta de reforma administrativa empreendida pelo governo FHC (1995-2003). Dessa forma, apesar da definição imprecisa, o processo de agencificação e contratualização aparece no Plano Diretor publicado em novembro de 1995, elaborado pelo extinto Ministério da Administração Federal e da Reforma do Estado (Mare) sob a supervisão intelectual do ministro Bresser-Pereira. Assim, no item 8.2.2 – Indicadores de Desempenho do Plano Diretor da Reforma do Aparelho do Estado, mais especificamente na página 76, a idéia da contratualização aparece com nitidez, literalmente:

> Este projeto, essencial para a implementação das agências autônomas e das organizações sociais, terá de ser realizado em parceria pelo Mare com o Ministério do Planejamento e Orçamento, implicará um esforço sistemático e amplo para definir indicadores de desempenho quantitativos para as atividades exclusivas do Estado. Esses indicadores, somados mais adiante à definição de um orçamento global, serão a base para a celebração de contrato de gestão entre o dirigente da entidade e o respectivo ministro. E a partir do contrato de gestão será possível implantar um modelo de administração pública gerencial. A diferença entre este projeto e o das agências autônomas ou o das organizações sociais está no fato de que, enquanto aqueles se concentrarão em umas poucas entidades, nas quais se realizará um esforço concentrado de aplicação das novas técnicas de gestão, neste toma-se apenas o passo preliminar desse processo – a definição de indicadores de desempenho claros –, mas se generaliza a cobrança para toda a administração pública federal. Este projeto, portanto, como o da avaliação estrutural, *é um projeto horizontal, que buscará abranger todas as autarquias e fundações públicas hoje existentes.*

Como nitidamente demonstra a parte final do parágrafo que destacamos, o projeto de reforma institucional contido no Plano Diretor era excessivamente pretensioso, buscando reformular e reordenar a quase totalidade dos órgãos públicos da administração federal.

Depois de longa tramitação no Congresso Nacional e ampla discussão na imprensa, parte do programa previsto no Plano Diretor, referência maior para a reforma gerencial do governo FHC, foi aprovada pela emenda constitucional (EC) da reforma administrativa. Assim, o art. 37 da CF/88, §8º, com redação dada pela EC nº 19, 4 de junho de 1998, abre explicitamente a possibilidade de ampla utilização dos contratos de gestão na administração pública brasileira, *in verbis*:

> A autonomia gerencial, orçamentária e financeira dos órgãos e entidades da administração direta e indireta poderá ser ampliada mediante contrato, a ser firmado entre seus administradores e o poder público, que tenha por objeto a fixação de metas de desempenho para o órgão ou entidade, cabendo à lei dispor sobre:
> I – o prazo de duração do contrato;
> II – os controles e critérios de avaliação de desempenho, direitos, obrigações e responsabilidades dos dirigentes;
> III – a remuneração do pessoal.

Historicamente, no âmbito da administração pública brasileira, a Rede Sarah de Hospitais de Reabilitação, atualmente com sete unidades em seis estados, representa experiência pioneira quanto à contratualização. A Lei nº 8.246, de 22 de outubro de 1991, autoriza a criação do Serviço Social Autônomo Associação das Pioneiras Sociais, que, no mesmo ano, celebra contrato de gestão com o Ministério da Saúde. Nos termos como atualmente entendemos o processo de contratualização, esse pode ser considerado o primeiro contrato de gestão assinado na administração pública brasileira, sendo sua celebração datada de 27 de dezembro de 1991.

A lei de criação da Rede Sarah é importante porque antecipa vários aspectos da Lei nº 9.637, de 15 de maio de 1998, que dispõe sobre a qualificação das organizações sociais (OSs). Do ponto de vista das flexibilidades administrativas, essa lei é ainda mais abrangente que a atual legislação que regulamenta as OSs. Em linhas gerais, os instrumentos de gestão previstos na lei de criação da Rede Sarah são os seguintes:

- liberdade de contratação e demissão de pessoal, de acordo com as regras da Consolidação das Leis do Trabalho (CLT);
- regimento próprio para aquisições de bens e serviços aprovado pelo Tribunal de Contas da União (TCU);
- liberdade para fixação de salários de diretores e servidores, entre outros instrumentos previstos no contrato de gestão.

De modo geral, a idéia central que sustenta as experiências de contratualização na administração pública seria a busca por níveis mais elevados de desempenho através da implantação de instrumentos mais flexíveis e modernos de gestão. O entendimento mais difundido percebe as regras que estruturam a administração pública como excessivamente rígidas, burocráticas e auto-referidas, comprometendo, em princípio, o desempenho institucional das organizações estatais.

Em linhas gerais, o raciocínio implícito em boa parte dos esforços no sentido de implantar uma cultura de agencificação e contratualização pode ser assim descrito:

Marco legal rígido e burocrático ⇒ ineficiência e corrupção ⇒ flexibilização/contratualização

Em princípio, há um diagnóstico pessimista de que o marco legal que baliza o funcionamento da administração pública seria muito rígido, detalhista, burocrático e pouco funcional, o que inevitavelmente traria ineficiência, custos altos, morosidade, corrupção e políticas públicas mal formuladas, gerando graves problemas para sua implementação. Dessa forma, a execução, o gerenciamento e o acompanhamento das políticas públicas seriam comprometidos por uma estrutura legal essencialmente arcaica, datada do início do século passado, quando se desenvolveu e consolidou o que hoje entendemos como administração pública weberiana.

O passo seguinte ao diagnóstico naturalmente seria propor alguma forma de flexibilização ou transformação do marco legal, sempre com a finalidade última de trazer mais racionalidade, eficiência e efetividade ao gasto público, recuperando a capacidade do Estado em formular e executar políticas públicas.

Entre as várias opções que se colocam como alternativas viáveis nesse cenário, a criação de agências governamentais e a implantação e disseminação dos contratos de gestão foram as soluções mais buscadas nos processos de reforma administrativa ao redor do mundo, que chega de modo mais contundente ao Brasil em 1995 com a publicação do Plano Diretor. Depois de contextualizado o momento político que marca a entrada da idéia de contratualização na administração pública, levantaremos adiante algumas questões específicas que estão presentes nas principais discussões especializadas sobre a recente experiência brasileira.

Com esse intuito específico, algumas questões importantes precisam ser discutidas nesse contexto, sob pena de se consolidar uma visão incorreta da política de contratualização e agencificação. Em primeiro lugar, seria necessário ressaltar que me parece equivocado o pressuposto de que as atuais regras da administração pública brasileira, notadamente as Leis nos 8.666, de 21 de junho de 1993, e 8.112, de 12 de dezembro de 1990, que tratam das compras governamentais e do regime jurídico único dos servidores do governo federal, respectivamente, constituiriam entraves intransponíveis para o bom gerenciamento da máquina pública.

Como estamos falando de uma estrutura federativa em que a União desempenha um papel de fundamental importância, faremos uma discussão introdutória alicerçada nessas duas leis federais que representam bem o marco legal vigente da administração pública brasileira. A lei de licitações é norma geral de compras governamentais, devendo ser observada igualmente por estados e municípios. Quanto ao regime jurídico único dos servidores federais, além de abrigar boa parte dos preceitos constitucionais previstos na Carta de 1988, também tem servido como referência maior na elaboração dos diversos regimes jurídicos de servidores públicos pelo país afora.

Acreditamos que a atual legislação de compras governamentais, que recentemente tem passado por um intenso processo de modernização, tem-se aperfeiçoado satisfatoriamente, sendo injustamente responsabilizada pelos fracassos e desencontros da administração pública brasileira. Esse aperfeiçoamento é observável através da utilização de uma nova modalidade de licitação (Lei nº 10.520, de 17 de julho de 2002, que institui a modalidade de pregão, e o Decreto nº 5.450, de 31 de maio de 2005, que torna obrigatória a modalidade eletrônica nas compras do governo federal).

Inicialmente, a modalidade de pregão foi prevista pela primeira vez na administração pública brasileira através dos arts. 54 a 58 da Lei nº 9.472, de 16 de julho de 1997, que criou a Agência Nacional de Telecomunicações (Anatel). Na legislação federal, o pregão foi instituído preliminarmente através da Medida Provisória (MP) nº 2.026, de 4 de maio de 2000, sendo posteriormente regulamentado pelo Decreto nº 3.555, de 8 de agosto de 2000, até ser definitivamente convertido na Lei nº 10.520, que citamos anteriormente.

Entre as principais inovações da modalidade pregão, quatro me parecem mais relevantes:

- inversão das fases de habilitação e propostas;
- possibilidade de apresentar novos lances durante o certame;
- a legislação estabelece maiores dificuldades para o licitante na hora de apresentar os recursos administrativos;
- aumento considerável da transparência pelo intenso uso da tecnologia da informação.

Rapidamente vamos qualificar essas inovações. A inversão das fases é importante porque inibe a enorme batalha que existia entre os licitantes para impedir a participação dos outros concorrentes. De modo geral, os licitantes ficavam procurando pequenas e insignificantes falhas formais na habilitação dos concorrentes, o que trazia atrasos e postergações enormes, tumultuando o certame. Agora, como só se verifica a documentação do licitante vencedor, inúmeros recursos administrativos são coibidos, desburocratizando e trazendo agilidade ao processo de compras governamentais.

A possibilidade de apresentação de novos lances na hora da sessão pública permite uma significativa redução dos preços praticados no mercado da administração pública, uma vez que a fase competitiva é inteiramente nova no processo licitatório. Apesar de certa precaução com os dados oficiais apresentados, que me parecem pouco confiáveis, é inequívoco que a introdução de uma fase de lances tem trazido significativa economia para os cofres públicos. Anteriormente, a administração apenas escolhia os menores preços, que não sofreriam reduções durante a sessão pública. Assim, com a possibilidade de lances durante o certame os preços tendem a cair, aumentando a eficiência do gasto público.

Um detalhe me parece importante nesse contexto: alertamos que os dados geralmente utilizados para demonstrar a economia de recursos públicos conseguida pela utilização da modalidade pregão são pouco confiáveis. Usualmente, a conta para se chegar ao valor supostamente economizado é obtida pela diferença entre o preço estimado pelos departamentos de compras e o efetivamente pago pela administração. Acontece que existe um problema grave nessa contabilidade, uma vez que, usualmente, os preços de referência não são apurados com muita técnica e acuidade, gerando distorções que não devem ser desconsideradas.

Por outro lado, jamais devemos deixar de observar a qualidade dos produtos que estão sendo adquiridos, sendo perigosa e imprecisa a apuração da economia sem levar em conta efetivamente quais produtos estão sendo comprados pela administração pública. Como a apuração da proposta mais vantajosa para a administração pública é sempre mais complexa do que escolher entre os menores preços, fica aqui uma ressalva no sentido de qualificar melhor os dados referentes à economia gerada pela utilização da modalidade pregão.

Os prazos recursais da modalidade pregão são menores e os recursos não são obrigatoriamente aceitos (a critério de julgamento do pregoeiro), eliminando drasticamente a litigância de má-fé e os recursos de caráter apenas protelatórios por parte dos fornecedores. Nas modalidades tradicionais, o poder de embargo dos licitantes é enorme, não restando às comissões de licitação outra alternativa que não a de aceitar os infindáveis recursos interpostos pelos fornecedores, que procrastinavam excessivamente o certame, onerando o processo de compras.[3]

Finalmente, a intensa utilização da tecnologia da informação tem proporcionado ganhos enormes quanto à transparência nas compras governamentais. Tradicionalmente, o processo de compras é muito visado no Brasil pelos gestores desonestos, que se aproveitam das brechas legais para praticar a corrupção. Não querendo parecer ingênuo a ponto de supor que o pregão vá acabar com a corrupção

---

[3] Estudo do Banco Internacional para Reconstrução e Desenvolvimento (Bird) encontrado na página www.comprasnet.gov.br compara o prazo médio (entre a publicação do edital e a abertura das propostas) de aquisição nas várias modalidades de licitação válidos para as compras do governo federal: pregão 17 dias; convite 20 dias; tomada de preços 90 dias e concorrência 120 dias. Apontam ainda que 21 dias seria um prazo razoável para o processamento das aquisições governamentais. No mesmo trabalho, os números indicam que apenas 0,89% das compras eletrônicas é anulado, em contraste com o percentual de 5% de anulações nas modalidades tradicionais.

no Brasil, é preciso reconhecer que ele trouxe mais transparência e agilidade às compras governamentais, criando novos e significativos obstáculos aos gestores corruptos, uma vez o processo licitatório tornou-se muito mais visível para a sociedade, viabilizando o controle social.

Assim, inequivocamente, o pregão representa uma importante inovação na administração pública brasileira, significando um grande avanço em relação às antigas leis de compras governamentais (Decreto-lei nº 200, de 25 de fevereiro de 1967, Decreto nº 2.300, de 21 de novembro de 1986, e, por último, Lei nº 8.666, de 21 de junho de 1993).

Finalmente, cabe ressaltar que a lei federal que instituiu o pregão tem inspirado várias legislações estaduais e municipais de compras governamentais, introduzindo de maneira intensa uma nova mentalidade nos setores responsáveis pelas compras na administração pública brasileira. Nesse mesmo diapasão, foi editado o Decreto nº 5.504, de 5 de agosto de 2005, que torna obrigatória a utilização do pregão, preferencialmente eletrônico, para entes públicos (estados e municípios) e privados nas contratações de bens e serviços realizadas em decorrência de transferências voluntárias de recursos públicos da União.

Ainda nesse contexto, algumas qualificações necessitam ser empreendidas. No cotidiano da administração pública, o processo de compras costuma ser atropelado ou mesmo preterido em relação à execução orçamentária e financeira. Assim, muitos problemas relativos às aquisições são injustamente atribuídos à lei de licitações. Não raro encontramos problemas sérios de planejamento e gestão das compras, as quais ficam sujeitas às imprevisões das coordenações de execução orçamentária e financeira.

Por essa trilha de raciocínio, argumentamos que os maiores problemas estão relacionados ao planejamento dos órgãos, que fica sujeito às vicissitudes orçamentárias, aos contingenciamentos e restrições financeiras, tão comuns no cotidiano da administração pública brasileira. Muitas vezes as liberações orçamentárias são realizadas com meses de atraso, impondo um ônus excessivo aos setores de compras, que devem adquirir grande quantidade de produtos em curto espaço de tempo. Assim, inadvertidamente, os analistas acreditam que a legislação de aquisições governamentais é muito morosa e burocrática, desconsiderando as agruras do processo orçamentário e financeiro, que inviabilizam qualquer esforço no sentido de realizar um bom planejamento das compras.[4]

---

[4] Torres, 2004.

Os analistas que conhecem o cotidiano da administração pública brasileira, em todos os seus três níveis, sabem que a execução orçamentária é intensamente concentrada no segundo semestre, especialmente no último trimestre. Não raro, o Tesouro Nacional vai segurando o orçamento até a última hora, quando começa, já em novembro, a descentralizar recursos em profusão. Com essa dinâmica totalmente caótica fica difícil planejar e processar de maneira adequada as compras governamentais, que se consumam em condições muito precárias. Não deixa de ser irônico que, nessa situação, a grande responsabilizada pelos atropelos e ineficiência da administração pública seja a legislação de compras, nunca o planejamento ou a execução orçamentária. Acredito que já chegou a hora de se fazer justiça em relação à legislação de aquisições, que tem sido equivocadamente responsabilizada por boa parte das mazelas do setor público brasileiro.

Outra questão importante ligada ao processo de compras governamentais está relacionada à interpretação da legislação. Inicialmente, a Lei nº 8.666/93 foi entendida pelos fornecedores, servidores públicos e pelo próprio Judiciário como absolutamente rígida e processualística, requerendo uma interpretação literal que prejudica o processo de compras governamentais. De qualquer forma, com os 14 anos transcorridos de aplicação e vasta utilização da lei, um grande aprendizado já se consolidou, possibilitando uma aplicação mais eficiente e flexível da legislação, que lentamente deixa de ser um entrave para tornar-se uma aliada do gestor público bem intencionado. De modo geral, é possível sustentar que a consolidação e a acomodação da lei de compras são fatores importantes no sentido trazer qualidade, flexibilidade, eficiência e tempestividade ao gasto público. Nesse sentido, as decisões judiciais, os acórdãos dos órgãos de controle e os pareceres das assessorias jurídicas já apontam para um entendimento menos rígido e formal da legislação, viabilizando um procedimento de compras mais racional e eficiente, ainda que dentro do mesmo marco legal existente.

Finalmente, com relação à aplicação da legislação de compras governamentais, é preciso chamar atenção para um aspecto específico muito importante: as deficiências profissionais, práticas e teóricas, dos servidores que operam a Lei nº 8.666/93. De modo geral, os pregoeiros e as comissões de licitação não têm treinamento ou formação para aplicarem a legislação com destreza e segurança, trazendo enormes dificuldades para a administração pública. O empecilho é ainda maior quando se trata de objetos complexos e altamente técnicos, em que a melhor formação profissional dos fornecedores da iniciativa privada representa uma vantagem comparativa muito grande em relação à administração pública, potencializando atrasos, recursos, impugnações e medidas protelatórias que prejudicam os gestores públicos na hora de realizar as contratações.

Outros aspectos que devem ser ressaltados nesse contexto são a possibilidade e o incentivo ao controle social, que representam mecanismos efetivos para o aprimoramento da lei de compras. Ao longo de todo seu texto, em precisos seis momentos, a Lei nº 8.666/93 possibilita a intervenção do cidadão como parte legítima para participar, impugnar e interferir na fase pública do processo licitatório. Dessa forma, o chamamento ao controle social, representado pela possibilidade de participação do cidadão em qualquer fase do processo de licitação, está contemplado em pelo menos seis passagens, a seguir elencadas:

- artigo 4º, *caput*;
- artigo 7º, §8º;
- artigo 15, §6º;
- artigo 41, §1º;
- artigo 63;
- artigo 101, *caput*.

É natural que, por se tratar de um assunto essencialmente jurídico e técnico, o controle social encontre certos limites e dificuldades para se concretizar, mas não deixa de ser importante a possibilidade de acompanhamento que a legislação expressamente consagra ao cidadão.[5]

Naturalmente, não se trata de fazer uma análise ingênua e excessivamente otimista da Lei nº 8.666/93, que ainda carece de muitos aperfeiçoamentos. Alguns desses ajustes, diga-se de passagem, seriam de fácil operacionalização. Entendo que, de alguma forma, o poder das comissões de licitação e pregoeiros deveria ser aumentado, possibilitando punições e cancelamentos junto ao cadastro de fornecedores — Sistema de Cadastramento Unificado de Fornecedores (Sicaf) — de maneira mais ágil e tempestiva.

Outra alternativa seria formar centrais de compras nos estados, em que comissões de licitação, bem aparelhadas e com boa assessoria jurídica, processariam as compras de vários órgãos, especializando servidores que se encarregariam de aplicar, com eficiência, a legislação de compras governamentais. Sonhando mais alto, por que não criar uma carreira especializada em compras no serviço público federal, remunerando melhor e exigindo boa formação profissional? Não tenho

---

[5] Retomamos essa discussão no capítulo 2 deste livro.

dúvidas de que atitudes simples como essas trariam muita qualidade e eficiência ao gasto público brasileiro.

Assim, poderíamos concluir essa parte do livro relativa às compras governamentais argumentando que o pressuposto subjacente observável nos trabalhos e esforços em prol do processo de contratualização e agencificação contém um equívoco primordial. Por tudo que foi dito anteriormente, acreditamos que não se sustenta a defesa do processo de contratualização e agencificação "estritamente" baseada na idéia de que o problema maior da administração pública brasileira seria a rigidez da legislação de compras. Dessa forma, espero ter demonstrado que os problemas mais graves não se referem à falta de flexibilidade da legislação de compras, mas às inúmeras dificuldades operacionais, administrativas e técnicas que têm prejudicado a aplicação eficiente e efetiva da Lei nº 8.666/93 em todos os três poderes e níveis de governo.

Por outro lado, no que se refere à determinação constitucional da obrigatoriedade de concursos públicos e da manutenção da estabilidade dos servidores, também algumas qualificações necessitam ser realizadas. Em princípio, em uma sociedade personalista e patrimonialista como a brasileira, esses institutos, tão criticados pelos defensores da flexibilização da administração pública, representam um enorme potencial de profissionalização do Estado brasileiro.

O instituto do concurso público, matéria constitucional desde a Carta de 1934 (arts. 168 e 170), apesar das dificuldades que temos tido em implantá-lo plenamente ao longo das décadas, é arma poderosa e eficiente contra o patrimonialismo. Decididamente, não vejo de que maneira concursos públicos competitivos, transparentes e tecnicamente bem elaborados possam significar dificuldades ou rigidez para o gestor público, principalmente considerando a cultura patrimonialista que impera na administração pública brasileira. Atualmente, inclusive pela alta competitividade do mercado de trabalho, os concursos públicos têm recrutado bons quadros para integrarem o aparelho estatal, com enormes ganhos de eficiência e produtividade para a administração pública. A experiência anterior que tivemos com a administração indireta até a CF/88 não é das mais promissoras, indicando que a ausência de concursos públicos historicamente tem trazido antes nepotismo e ineficiência do que flexibilidade e agilidade gerencial.

As críticas do extinto Ministério da Administração e Reforma do Estado à política de pessoal consagrada na CF/88 aparece em várias passagens do Plano Diretor. O entendimento consensual é de que as regras de admissão e de estabilidade dificultariam, ou mesmo inviabilizariam, práticas mais modernas de gestão dentro da administração pública. Claramente esse diagnóstico se viabiliza e se espelha nas flexibilidades de contratação e demissão que eram marcas registradas na administração indireta antes de Carta de 1988. Como já vimos anteriormente, no próprio Decreto-lei nº 200/67, art. 96, existe a menção explícita que dispensa o concurso para a contratação de especialistas para instituições de pesquisa e órgãos especializados. Assim, busca-se alcançar formas de flexibilizar a estabilidade, seja por insuficiência de desempenho, seja por excesso de despesa, abrindo também a possibilidade de criação do emprego público, ou seja, contratação de servidores pelo regime da CLT. Em várias passagens do Plano Diretor, o ataque às regras impostas pela CF/88 são contundentes. Vejamos apenas uma das mais veementes, quando se abordam as propostas de emendas constitucionais:

> A primeira emenda cobre o capítulo da administração pública. Sua principal mudança é o fim da obrigatoriedade do regime jurídico único, permitindo-se a volta de contratação de servidores celetistas.[6]

Como sabemos, com a aprovação da EC nº 19, o governo FHC foi amplamente vitorioso nesse aspecto: a estabilidade do servidor foi flexibilizada pelos institutos da insuficiência de desempenho (art. 41, §1º, inciso III) e pelo excesso de despesas (art. 169, §4º). Ressalte-se também que a obrigatoriedade do regime jurídico único e o instituto da isonomia foram excluídos completamente do *caput* e do §1º, respectivamente, do art. 39 da CF/88.

Assim, parece não haver dúvidas de que o modelo de contratualização e agencificação, tal como proposto no Plano Diretor e em parte empreendido pelo governo Fernando Henrique, alinha-se perfeitamente ao esforço de se retornar à política de pessoal que era típica da administração indireta antes da CF/88.

Quanto à estabilidade dos servidores, a administração pública brasileira vive um intenso e insolúvel *trade-off*. Sem regras constitucionais de estabilidade, a administração pública e o servidor, especialmente nos estados e municípios, ficariam excessivamente à mercê de injunções políticas, implicando perseguições, desmandos, ineficiência e alta rotatividade. Não restam dúvidas de que os mecanismos tradicionais de cobrança por desempenho seriam mais eficientes na ausência do instituto da estabilidade, traduzindo-se provavelmente em uma performance maior na produção de bens e serviços públicos. Como podemos constatar facil-

---

[6] Plano Diretor, 1995:62.

mente na iniciativa privada, a falta da estabilidade favorece os mecanismos de cobrança por produtividade, especialmente nesses tempos de alta competitividade e empregos escassos.

Por outro lado, na ausência do concurso público e do instituto da estabilidade, a administração pública brasileira corre o risco de submergir nas mais tacanhas e atrasadas práticas de patrimonialismo, clientelismo e nepotismo, trazendo antes inoperância do que alta performance. Pelo histórico da administração pública brasileira, acredito que o risco de se acabar completamente com a estabilidade do servidor é muito grande. Atualmente, nada justifica a aposta de que os ganhos de produtividade seriam maiores que os riscos de deixar a administração pública desprotegida contra os ataques mais vorazes dos políticos, especialmente no contexto do presidencialismo de coalizão, característica essencial do sistema político brasileiro.

Em linhas gerais, as restrições que arrolamos sobre o enfoque observável no processo de contratualização podem ser resumidas da seguinte forma: *a administração pública brasileira necessita urgentemente deixar de lutar contra a legislação que rege as organizações estatais e deve procurar fazer o melhor uso possível do marco legal vigente*. Provavelmente teríamos mais chances de sucesso se treinássemos os servidores públicos para aplicarem com precisão e competência a lei de compras governamentais, ao invés de insistirmos em criar atalhos ou flexibilidades na aplicação da Lei nº 8.666/93.

Na prática, constatamos que os mais sérios problemas no processo de compras governamentais estão relacionados com a má aplicação da legislação por parte das comissões de licitações, que em geral são mal remuneradas e despreparadas para trabalhar com a legislação em vigor, qualquer que seja seu nível de sofisticação ou complexidade. Como destacado anteriormente, especialmente nas licitações mais técnicas, o fornecedor encontra-se mais preparado e aparelhado para se aproveitar das brechas e tecnicalidades da lei, valendo-se muito mais das falhas das comissões de licitações do que propriamente das deficiências da legislação.

Por esse raciocínio, a trilha mais viável, eficiente e menos tortuosa para aprimorar a ação governamental no Brasil passaria necessariamente pela melhor formação do servidor público, que deveria, antes de tudo, estar preparado para trabalhar dentro do marco legal vigente. Assim, ao invés de lutar contra a lei de licitações, contra os regimes jurídicos únicos, a lei de contabilidade pública, entre outras, a administração pública deveria aprender a trabalhar, da maneira mais eficiente possível, dentro das restrições legais atualmente em vigor. Exemplo cabal nesse sentido deve ser buscado nas comissões de licitação dos municípios, em que servidores sem a mínima condição profissional e técnica são obrigados a trabalhar com uma legislação que eles absolutamente não dominam. Ou seja, os servidores públicos não têm formação, não são preparados ou qualificados e precisam trabalhar com a lei de compras, que não é complexa, mas exige certa habilidade técnica e jurídica para ser eficientemente aplicada.

O resultado não pode ser mais desastroso, acarretando desperdício e ineficiência, não necessariamente pela legislação, mas pela pouca capacidade burocrática dos usuários da lei brasileira de compras governamentais. Acredito que esse mesmo raciocínio que aplicamos à lei de aquisições pode ser estendido para toda a vasta legislação que estabelece a organização e o funcionamento do setor público brasileiro. *Em princípio, a legislação não me parece necessariamente precária ou burocrática, mas tem encontrado operadores suficientemente despreparados para torná-la complexa e ineficiente.* Nesse caso, é erro primário entender o despreparo das comissões de licitação como se fosse problema inerente da própria legislação de aquisições governamentais.

Nessa mesma linha de argumentação, considero os novos arranjos institucionais recentemente criados no processo de contratualização problemáticos e, em alguma medida, ingênuos, por partirem do pressuposto de que uma mudança drástica do arranjo organizacional irá acarretar, sem um investimento maciço nos aplicadores da legislação, um ganho significativo de eficiência na administração pública brasileira. No meu entendimento, é preciso ter cautela em relação aos possíveis ganhos acarretados pelos novos arranjos institucionais, uma vez que as dificuldades burocráticas e gerenciais da administração pública brasileira não têm sido alvo de uma preocupação mais decisiva, que busque superar os entraves encontrados.

As deficiências (baixo nível de profissionalização, cultura patrimonialista, excessiva politização etc.) da administração continuam as mesmas, quer seja ela regida por contratos de gestão mais flexíveis, quer permaneçam as regras atuais. Em geral, acredita-se muito que um novo arranjo institucional trará ganhos de performance para a administração pública brasileira, desconsiderando que os ganhos de eficiência só ocorrerão através do aumento do profissionalismo do servidor, transformação que realmente tem potencial para fazer a diferença, qualquer que seja o marco legal de operação do Estado.

Realizadas essas ponderações iniciais, que refletem algumas preocupações com as questões mais centrais que estão, pelo menos no plano teórico, subsidiando a implantação das experiências de contratualização na administração pública brasileira, arrolo adiante ressalvas mais pontuais que me parecem cruciais para o sucesso das experiências em curso. Naturalmente, nessa avaliação, não podemos perder de vista o escopo desse trabalho, que não tem a pretensão de fazer uma avaliação detalhada e conclusiva do processo de contratualização.

Por não se tratar de uma avaliação empírica exaustiva e pormenorizada dos contratos de gestão, a intenção deste trabalho é apenas levantar alguns pontos que me parecem relevantes no entendimento mais geral da questão, abordando de maneira abrangente aspectos que caracterizam a recente experiência brasileira, especialmente no plano federal.

Outra ressalva também importante quanto à natureza deste trabalho está relacionada com a heterogeneidade da experiência de contratualização na administração pública brasileira. Em alguma medida, pelo menos do ponto de vista legal, as experiências estaduais, com maior ou menor aproximação, se espelham na legislação federal. Lembramos ainda que, no plano estadual, as experiências são amplas e variadas, algumas até mais intensas e avançadas, especialmente do ponto de vista quantitativo, que o observado no plano federal. Enfim, esse processo que foi iniciado pela União se espalhou pelos entes federativos subnacionais Brasil afora, especialmente nos estados, alcançando distintos graus de sucesso e fracasso. Pelas próprias restrições metodológicas e também pela ampla variedade de situações nos estados da Federação, esse trabalho se contentará em apenas se aproximar da experiência nacional e fazer uma análise de algum contratos de gestão no estado de Minas Gerais.

Em primeiro lugar, é preciso ressaltar que a supervisão, o acompanhamento, o assessoramento e o controle dos ministérios e secretarias estaduais são de fundamental importância para o sucesso de qualquer experiência de contratualização, seja na forma jurídica das OSs, das agências executivas, reguladoras ou até mesmo das Organizações da Sociedade Civil de Interesse Público (Oscips) (no caso, supervisão da entidade que fez o repasse de recursos através do termo de parceria). Claramente, uma experiência tão importante deve representar prioridade das instituições que estão envolvidas no processo, sendo de fundamental importância a participação dos ministérios supervisores. Nesse aspecto específico, continua ainda muito atual o Decreto-lei nº 200, de 25 de fevereiro de 1967, que diz textualmente em seu artigo 25:

> A supervisão ministerial tem por principal objetivo, na área de competência do Ministro de Estado:
>
> I – Assegurar a observância da legislação federal.
>
> II – Promover a execução dos programas do Governo.
>
> III – Fazer observar os princípios fundamentais enunciados no Título II.
>
> IV – Coordenar as atividades dos órgãos supervisionados e harmonizar sua atuação com a dos demais Ministérios.

V – Avaliar o comportamento administrativo dos órgãos supervisionados e diligenciar no sentido de que estejam confiados a dirigentes capacitados.

VI – Proteger a administração dos órgãos supervisionados contra interferências e pressões ilegítimas.

VII – Fortalecer o sistema do mérito.

VIII – Fiscalizar a aplicação e utilização de dinheiros, valores e bens públicos.

IX – Acompanhar os custos globais dos programas setoriais do Governo, a fim de alcançar uma prestação econômica de serviços.

X – Fornecer ao órgão próprio do Ministério da Fazenda os elementos necessários à prestação de contas do exercício financeiro.

XI – Transmitir ao Tribunal de Contas, sem prejuízo da fiscalização deste, informes relativos à administração financeira e patrimonial dos órgãos do Ministério.

Por esse ângulo, o envolvimento do ministério supervisor ou das secretarias, quando se trata do nível da União ou dos estados, respectivamente, é de fundamental importância para o sucesso do modelo, sendo imprescindível o desenvolvimento de uma cultura de avaliação profissional e eficiente dos contratos de gestão.

A experiência recente da administração pública brasileira é bastante pedagógica nesse aspecto, inspirando muita cautela com relação à flexibilização das normas legais vigentes. É amplamente reconhecido e verificável que, a partir do Decreto-lei nº 200/67, houve um aumento enorme da administração indireta, que desde a década de 1930 já vinha se delineando no Brasil. A literatura especializada tem chamado a atenção para o fato de que, entre 1967 e 1988, a administração indireta, até mesmo pelo seu crescimento vertiginoso, tornou-se praticamente autônoma e saiu de controle. O problema do descontrole gerencial se manifestou também pelas deficiências no que se refere à supervisão ministerial, que se mostrou inadequada para garantir eficiência e efetividade ao gasto público.

Dessa forma, a flexibilização das normas administrativas preconizadas pelo Decreto-lei nº 200/67 resultou em uma absoluta falta de capacidade de coordenar e acompanhar a formulação, a implementação e o acompanhamento de políticas públicas, uma vez que boa parte da administração pública estava completamente fora do controle e da coordenação por parte do núcleo central do governo.

Naturalmente, esse cenário, além de dificultar a ação estatal pelas excessivas pulverização, fragmentação e autonomia gerencial da administração indireta, abriu um espaço enorme para a corrupção. Isso ocorreu em função da precariedade dos mecanismos de coordenação e da dificuldade adicional do efetivo exercício do controle social, uma vez que a visibilidade desses órgãos descentralizados é usualmente mais baixa em comparação com a administração direta.

Inicialmente, o regime militar procurou proteger a administração indireta do ataque mais voraz por parte dos políticos, sempre ávidos por cargos e prebendas. Nesse sentido, buscava-se isolar a administração indireta das negociações de balcão com o Congresso Nacional, inclusive utilizando critérios antes técnicos que políticos no preenchimento dos principais cargos de sociedades de economia mista e empresas estatais. No entanto, à medida que o regime militar foi perdendo legitimidade, a administração indireta, antes protegida, foi sendo cada vez mais intensamente utilizada para dar sustentação política ao regime ditatorial.

Nesse contexto, a combinação entre regras flexíveis e recrudescimento do patrimonialismo importou em absoluta falta de controle, trazendo ineficiência e corrupção. Essa recente experiência não pode ser esquecida no processo atual de contratualização e flexibilização, especialmente por se tratar de instituições da administração indireta, naturalmente menos visíveis e controladas que o restante da administração pública brasileira.

Não nos afastando jamais desse passado pedagógico, e analisando especificamente a recente experiência brasileira de flexibilização, podemos constatar que tem havido falhas importantes na implantação dos contratos de gestão, os quais têm apresentado deficiências de coordenação e supervisão em qualquer das suas variantes jurídicas. Mais especificamente, quer na implantação das agências executivas, das agências reguladoras ou das OSs, não houve coordenação adequada por parte do antigo Mare, ou, posteriormente, pela Secretaria de Gestão do Ministério do Planejamento. Infelizmente, o Ministério do Planejamento não tem sido um gestor zeloso e eficiente do processo de contratualização, o que tem resultado em muitas falhas na implantação dessa nova estrutura jurídica de ação estatal no Brasil. Naturalmente, além da Secretaria de Gestão (Seges/MP), também deveriam ter uma ação mais proativa e firme os ministérios supervisores que assinaram contratos de gestão com suas entidades vinculadas.

Em alguns momentos, como na criação das agências reguladoras, a própria Casa Civil, por perceber a importância da matéria, assumiu o gerenciamento da implantação do modelo, deixando o Mare absolutamente fora da discussão central.

Assim, entendo que houve uma dupla falha crucial para explicar as dificuldades de implantação de uma cultura de avaliação na administração pública brasileira: a falta de adequada supervisão ministerial e a ausência de uma coordenação efetiva do modelo por parte do Ministério do Planejamento. Quanto à supervisão ministerial, destacamos que é preciso haver vontade política para avaliar adequadamente os contratos de gestão, tarefa que exige elevado nível de competência burocrática, que arduamente encontramos nos ministérios que assinaram contratos de gestão com autarquias vinculadas.

Dessa forma, ademais de uma decisão política determinada, a avaliação de um processo de contratualização exige do ministério supervisor um qualificado corpo de servidores com autonomia funcional e capacidade técnica para acompanhar os contratos de gestão. Como é de amplo conhecimento, avaliar e controlar políticas públicas e desempenho institucional são tarefas complexas e desgastantes, expondo os altos administradores a enfrentamentos políticos intensos. Por isso mesmo, exige muita determinação e profissionalismo para que realmente uma política de contratualização produza os resultados esperados. Assim, se não existe uma forte decisão política comprometida em assumir os riscos inerentes que um projeto de contratualização potencializa, todo processo pode se transformar em um rotundo fiasco. Nesse sentido, tarefas árduas, como corrigir exemplarmente determinados fracassos de desempenho institucional, devem ser implementadas com firmeza.

Infelizmente, ao analisarmos como os contratos de gestão foram implantados na incipiente experiência da administração pública brasileira, especialmente no plano federal, constatamos que tem havido falhas graves no acompanhamento dos contratos, ou por ausência de vontade política ou por incapacidade burocrática, quando não pela combinação dessas duas dificuldades.

No que se refere ao gerenciamento do modelo por parte do Ministério do Planejamento, constatamos que a coordenação foi muito precária, ou praticamente inexistente. É moeda corrente entre os dirigentes dos órgãos que assinaram os primeiros contratos de gestão que uma participação mais decisiva, interativa e propositiva por parte do Ministério do Planejamento seria necessária para um salto de qualidade do modelo, que tem apresentado muitas falhas.[7] Para que a implantação dos contratos fosse mais bem-sucedida, haveria a necessidade de criação de um núcleo de acompanhamento e assessoria de alto nível coordenando e monitorando de perto a execução dos contratos, o que definitivamente não houve por parte do Ministério do Planejamento. De modo geral, os contratos foram sendo implantados e executados, abrangendo fracassos ou sucessos, sem que te-

---

[7] Esse clamor foi tema recorrente no seminário Contratualização de Desempenho Institucional na Administração Pública, realizado em conjunto pela Casa Civil da Presidência e Secretaria de Gestão do Ministério do Planejamento. O seminário foi realizado em Brasília entre 7 e 8 de dezembro de 2004, no anexo do Palácio do Planalto.

nha havido uma interferência mais decisiva por parte de um grupo de burocratas competentes e com poder político para monitorar a implantação do modelo, que praticamente permaneceu órfão dentro da Esplanada dos Ministérios.

Paralela a essa questão, deparamos com o problema da composição das Comissões de Acompanhamento e Avaliação (CAAs), responsáveis pelo monitoramento dos contratos de gestão. Em primeiro lugar cabe destacar que a CAA, para realmente fazer um trabalho profissional, digno e eficiente, que signifique melhoria da ação estatal, deve apresentar duas características difíceis de encontrar na administração pública brasileira, especialmente quando exigidas simultaneamente:

- autonomia funcional e política;
- alto nível de competência técnica.

Nesse contexto, a composição das CAAs assume enorme importância, sendo crucial a análise dos critérios que definirão a escolha dos membros, a autonomia das comissões, o alcance dos seus trabalhos etc. Para o sucesso das experiências em curso, acredito que seja de fundamental importância investir alto no delineamento dos trabalhos e na composição da CAA, esforço que pode evitar muitos erros nas experiências vindouras. Não restam dúvidas de que o coração de um bom processo de contratualização está na composição e atuação das CAAs, que podem facilmente levar ao sucesso ou ao fracasso as recentes experiências envolvendo a assinatura de contratos de gestão em todos os níveis da administração pública brasileira.

Quanto à qualificação técnica das CAAs cabe destacar que não existe um bom contrato de gestão se não houver uma comissão com competência burocrática para gerenciar esse complexo processo. De modo geral, podemos constatar que tem faltado capacidade burocrática e autonomia política para o adequado funcionamento das CAAs, além da dificuldade de agrupar quadros técnicos competentes para gerenciar os contratos de gestão. De modo geral, analisando a experiência federal, parece-me que esses são entraves comuns a todas as instituições que assinaram contratos de gestão, que se ressentem da falta de autonomia política e competência técnica das comissões responsáveis pela avaliação da experiência de contratualização.

Naturalmente, seria desnecessário dizer que as CAAs precisam de uma estrutura administrativa compatível para desenvolverem seu trabalho. Os servidores precisam ter tempo disponível para se dedicar às novas atividades, que, ao contrário do que parece, exigem, pelo menos em princípio, deslocamentos, realização de entrevistas, diligências, análise e elaboração de relatórios de boa qualidade técnica, entre outras atividades cruciais. Na ausência dessas condições técnicas, administrativas e institucionais, não tenho dúvidas de que o papel das CAAs se tornará burocrático e vazio, condenando inevitavelmente ao fracasso todo o modelo de contratualização.

Um problema adicional a ser enfrentado na composição das CAAs refere-se à escolha de servidores com cargo de confiança, de livre nomeação e exoneração, para sua constituição. Usualmente, esses servidores encontram-se muito próximos, ligados e comprometidos com a alta administração das instituições, o que pode comprometer a isenção e a autonomia no momento de apontar falhas, corrupção, ineficiência, entre outras dificuldades, na execução dos contratos de gestão. Dessa forma, o ideal seria que as escolhas dos membros das CAAs recaíssem sobre servidores ao mesmo tempo qualificados, com tempo disponível e independentes em relação à alta direção dos órgãos. Como podemos constatar, não é fácil encontrar servidores que preencham esses requisitos, considerados neste livro básicos para o sucesso de uma experiência de contratualização.

Outro ponto fundamental para o sucesso dos contratos de gestão seria a definição precisa, clara e realista das metas que deverão ser atingidas pelos órgãos. Para a realização dessa tarefa é preciso saber com precisão as principais características da instituição: sua finalidade precípua, a clara definição da missão institucional, a necessidade de orçamento, a capacidade operacional, a qualificação dos servidores etc. Assim, preliminarmente à elaboração dos contratos de gestão, há a necessidade de se realizar um amplo e intenso trabalho de conhecimento da instituição, que será fundamental para o sucesso da experiência de contratualização. Uma vez realizado todo esse levantamento institucional, será necessário estipular metas realistas que integrarão a parte mais importante do contrato de gestão. Nesse aspecto, é importante destacar a necessidade de se estabelecer metas ao mesmo tempo realistas e desafiadoras, evitando o sub ou superdimensionamento da capacidade operacional da instituição. Se as metas forem subdimensionadas, não haverá razão para aumentar a produtividade e a qualidade na prestação dos serviços públicos. Por outro lado, se forem superdimensionadas, gerar-se-ão falsas expectativas e fracassos que podem comprometer todo o processo de contratualização.

Outro problema que deve ser muito bem avaliado e que não teve um equacionamento satisfatório na experiência de contratualização e agencificação no Brasil, pelo menos no plano federal, diz respeito à execução orçamentária. Pelo menos em princípio, uma das grandes vantagens do processo de contratualização seria livrar as instituições de uma prática endêmica na administração pública brasileira: os contingenciamentos orçamentários. A garantia dos recursos orçamentários para o cumprimento das metas estipuladas em contrato é fundamental para o sucesso de todo e qualquer processo sério de contratualização. Fazendo uma avaliação geral da experiência brasileira, especialmente com relação às OSs, agências executivas e agências reguladoras, constatamos que não tem havido liberação total do orçamento das instituições, ou seja, os órgãos que assinaram contrato de gestão não têm escapado da prática comum dos contingenciamentos.

Apenas para citar dois exemplos, constatamos que o orçamento autorizado em proveito da Agência Nacional de Energia Elétrica (Aneel) para o exercício de 2004 foi de aproximadamente R$ 175 milhões, ao passo que o orçamento realmente executado foi da ordem de R$ 123 milhões.[8] Outro exemplo mais recente corrobora essa dramática situação: em agosto de 2005 a Anatel, em função de cortes orçamentários, simplesmente desativou temporariamente seu serviço de atendimento ao usuário (0800) por falta de recursos orçamentários e financeiros para pagar os serviços de telefonia. Citamos os casos das agências reguladoras, mas também constatamos que os contingenciamentos continuam a ocorrer com freqüência no caso das OSs criadas pelo governo federal.

Naturalmente não existem condições de êxito, de cumprimento de metas, de expansão da ação estatal ou aperfeiçoamento institucional em um cenário de incerteza orçamentária. Em princípio, o problema dos contingenciamentos seria solucionado, ou pelo menos mitigado, pelo processo de contratualização, restando como promessa não cumprida ou objetivo definitivamente não alcançado na recente experiência de contratualização realizada no plano federal. O agravante é que, se a incerteza orçamentária ainda se faz tão presente no plano da União, que tem apresentado a melhor situação fiscal no âmbito do federalismo brasileiro, imagine como será o encaminhamento desse problema por estados e municípios que, de maneira geral, apresentam situação fiscal extremamente precária, especialmente se comparada com o Tesouro Nacional.

De qualquer forma, o problema dos contingenciamentos atinge de maneira diferente as instituições que assinaram contratos de gestão, uma vez que algumas delas, como boa parte das agências reguladoras, possuem receitas próprias, não dependendo tão diretamente dos recursos descentralizados através do orçamento da União (leia-se Secretaria do Tesouro Nacional). Assim, para que o processo de

---

[8] TCU. 70ª Apreciação das Contas do Governo da República. Exercício 2004.

contratualização avance no Brasil é preciso que se ataque esse problema de maneira realista e efetiva, uma vez que me parece inviável cobrar resultados, eficiência e profissionalismo de instituições que não tiveram as condições objetivas para alcançar as metas estipuladas nos contratos de gestão.

Finalmente, antes de entrarmos propriamente na avaliação da experiência federal de contratualização, acredito ser importante ressaltar um aspecto anteriormente mencionado quanto às dificuldades em se empreender a implementação e avaliação de novos modelos de gestão.

Procurando fazer uma avaliação das reformas administrativas pelo mundo, Pollitt e Bouckaert (2002) enumeram um conjunto enorme de dificuldades em se proceder a uma avaliação isenta e criteriosa:

- a impossibilidade em se unificar as unidades de análise, tendo em vista a vastidão de experiências;
- a escassez de dados essenciais;
- a complexidade e o aspecto muitas vezes subjetivos dos dados;
- a variedade de critérios de análise, como usar a redução da despesa, o número de servidores despedidos, o tamanho do gasto público em relação ao Produto Interno Bruto (PIB), o incremento de desempenho etc.

Guardadas as proporções, entendo que as mesmas dificuldades encontradas nas análises sobre o resultado das reformas administrativas pelo mundo se reproduzem quanto procuramos fazer um balanço da experiência brasileira de contratualização, ou outro processo qualquer de inovação institucional.

Além das dificuldades técnicas em se estabelecer comparações, coletar dados, realizar avaliações, outro aspecto que costuma dificultar o trabalho do observador externo e independente seria a vasta utilização da retórica e do jogo de interesses que costumam marcar esses processos. Dessa forma, da mesma maneira que a avaliação das reformas administrativas é dificultada pelo uso indiscriminado da retórica e do marketing, uma aferição profissional e isenta da experiência de contratualização e agencificação encontra também esses mesmos problemas. Assim os autores descrevem essa dificuldade:

> Assim, a maioria dos instrumentos convencionais de avaliação – análise de custo-benefício, investigações quase experimentais, modelo econométrico, modelos comparativos (*benchmarking*) funcionais, entre outros – fracassa ao tentar capturar

o significado simbólico e retórico da reforma. Ainda assim, para os políticos – que são normalmente os que iniciam, ou ao menos facilitam as reformas – os efeitos retóricos e simbólicos de curto prazo são altamente importantes.[9]

Com muita freqüência temos encontrado essas mesmas dificuldades metodológicas na avaliação dos processos de contratualização de desempenho no Brasil. Dessa maneira, atentos a essas dificuldades levantadas e cientes de que a experiência brasileira é ainda muito recente e curta para se realizar uma avaliação mais abalizada, farei um esforço no sentido de elucidar os aspectos mais relevantes que caracterizam esse esforço de alterar o quadro institucional de atuação do Estado brasileiro.

---

[9] Pollitt e Bouckaert, 2002:8.

CAPÍTULO II
Contratualização na administração pública federal

Na administração pública federal, em linhas gerais, o processo de contratualização implicou significativa inovação jurídica, resultando em vasta legislação que contempla variados formatos institucionais. Podemos assegurar que, de maneira abrangente, o esforço de contratualização redundou no desenvolvimento de pelo menos quatro formatos jurídicos e institucionais distintos: as OSs, as agências reguladoras, as agências executivas e as Oscips. Ainda que essas últimas não se enquadrem tipicamente na experiência de contratualização, por não haver necessariamente um contrato de gestão, trataremos também desse formato jurídico considerando que se encaixa perfeitamente no mesmo contexto histórico e teórico que pretende remodelar fortemente os parâmetros de intervenção governamental no Brasil. Ademais, no termo de parceira está implícita uma avaliação de desempenho institucional através da mensuração de metas, objetivos, níveis de eficiência, resultados institucionais etc.

Antes de realizar um estudo mais detalhado das experiências federal e de Minas Gerais, faremos uma breve discussão em relação à maneira como o controle é tratado pela legislação e pelos defensores do processo de agencificação e contratualização no âmbito da administração pública brasileira. Esse aspecto é fundamental tendo em vista dois pressupostos básicos que demarcam e caracterizam fortemente a experiência brasileira de contratualização de desempenho: uma aposta radical na eficiência do controle social e a defesa da flexibilização da legislação, permitindo mais autonomia ao gestor público.

Intensificando uma forte tendência já delineada pela CF/88, o Plano Diretor, grande inspirador das experiências federal e estaduais de contratualização, aponta o aprofundamento e a potencialização do controle social como grande vantagem desse novo modelo de gestão do Estado brasileiro. Em toda a vasta legislação que regulamenta o processo de contratualização podemos observar, de maneira recorrente, vários artigos, incisos e parágrafos ressaltando as qualidades e virtudes do controle social. Basicamente, o acompanhamento se efetuaria através de três canais complementares:

- através da participação da sociedade nos conselhos gestores da União, estados e municípios;
- na possibilidade albergada ao cidadão para representar junto aos órgãos de controle sempre que essas novas entidades incorrerem em malversação de recursos públicos;
- na tentativa de se alcançarem níveis mais elevados de publicidade no âmbito da administração pública.

Fazendo uma crítica ao marco legal então existente na administração pública brasileira, o Plano Diretor (1995:21) assim caracteriza a cultura burocrática predominante:

> Os controles administrativos, visando evitar a corrupção e o nepotismo, são sempre *a priori*. Parte-se de uma desconfiança essencial nos administradores públicos e nos cidadãos que a eles dirigem demandas. Por isso são sempre necessários controles rígidos dos processos, como, por exemplo, na admissão de pessoal, nas compras e no atendimento de demandas.

Mais adiante, procurando enfatizar a necessidade de uma mudança radical na cultura política predominante na administração pública brasileira, observa-se qual o caminho a ser seguido no sentido de superar nossas dificuldades com a corrupção: "O que se pretende é apenas dar um voto de confiança provisório aos administradores, e controlar *a posteriori* os resultados".[10]

Em absolutamente toda a legislação criada no nível federal ou estadual regulamentando contratos ou criando novas instituições, é farta a recorrência ao controle social e à capacidade de atuação do cidadão no sentido de evitar a malversação de recursos públicos. No entanto algumas questões importantes que balizam esse entendimento acerca dos instrumentos de controle sobre a administração pública brasileira necessitam de uma discussão mais aprofundada.

De início, cabe ressaltar que em relação ao controle social não existe nenhuma inovação institucional ou cultural no processo de agencificação e contratuali-

---

[10] Plano Diretor, 1995:66.

zação, haja vista que na Carta de 1988 a aposta no controle social é intensa e praticamente obrigatória na implantação de toda e qualquer política pública. Assim, depois da CF/88 observamos a multiplicação dos conselhos municipais, estaduais e federais em todo o país, buscando garantir a participação do cidadão e o incremento do controle social sobre o Estado. Nesse aspecto específico, existe uma perfeita sintonia programática entre o processo de contratualização de desempenho e o espírito da CF/88, claramente caracterizada, no plano das políticas públicas, pela descentralização administrativa em favor de estados e municípios e pelo enfoque no controle social. Essa tendência pode ser constatada pelo elevado número de conselhos de políticas públicas atualmente existentes no Brasil. Para ilustrar esse crescimento dos conselhos, reproduzimos na tabela 1 os dados divulgados pela Fundação Instituto Brasileiro de Geografia e Estatística (IBGE) na Pesquisa de Informações Básicas Municipais relativos ao ano de 2001, que pode ser encontrada no site <www.ibge.gov.br>.

Tabela 1
**Número de conselhos municipais por área de atuação no Brasil
(2001)**

Área de atuação	Conselhos
Educação	4.072
Saúde	5.426
Assistência social	5.178
Direitos da criança e do adolescente	4.306
Emprego/trabalho	1.886
Turismo	1.226
Cultura	734
Habitação	628
Meio ambiente	1.615
Transporte	270
Política urbana	334
Promoção do desenvolvimento econômico	924
Orçamento	271
Outros conselhos municipais	1.346
Total	28.216

Pelo menos do ponto de vista quantitativo, observamos um vertiginoso crescimento do número de conselhos. Em princípio, essa tendência teria um forte impacto sobre o Estado, uma vez que o controle social sobre a administração pública se intensificaria. Especificamente quanto ao controle social e à perspectiva institucional que permeia e subsidia o processo de contratualização de desempenho na administração pública brasileira, é oportuno apontar alguns problemas sérios que, se não compreendidos ou equacionados, podem invalidar os esforços no sentido de buscar mais eficiência e efetividade no planejamento e na execução de políticas públicas.

Como sugerido, a defesa do modelo de contratualização de desempenho sustentada exclusivamente na maior oportunidade de o cidadão intervir mais decididamente no controle de políticas públicas não se sustenta. A verdade é que os instrumentos de participação do cidadão no controle das ações do Estado já estão dados e previstos na própria CF/88, literalmente. Vejamos a redação do art. 5º, inciso LXXIII:

> Qualquer cidadão é parte legítima para propor ação popular que vise a anular ato lesivo ao patrimônio público ou de entidade de que o Estado participe, à moralidade administrativa, ao meio ambiente e ao patrimônio histórico e cultural, ficando o autor, salvo comprovada má-fé, isento de custas judiciais e do ônus da sucumbência;

Quanto à prestação de contas das entidades e à possibilidade de fiscalização por parte dos tribunais de contas, também aspecto amplamente valorizado e divulgado na literatura que trata do processo de contratualização, especialmente na criação de OSs e qualificação de Oscips, nada existe de inovador na legislação que organiza e regulamenta essas instituições. Matéria constitucional já versa especificamente sobre esse aspecto. É clara a previsão contida no art. 70, parágrafo único:

> Prestará contas qualquer pessoa física ou jurídica, pública ou privada, que utilize, arrecade, guarde, gerencie ou administre dinheiros, bens e valores públicos ou pelos quais a União responda, ou que, em nome desta, assuma obrigações de natureza pecuniária.

Apesar de relevantes, entendo que esses são problemas menores, tendo em vista o posicionamento bastante controverso assumido pelos fautores dos processos de contratualização e agencificação. Acredito que o problema do controle e da corrupção não está bem equacionado na legislação, especialmente diante do objetivo final e primordial de flexibilização das atuais regras administrativas. Indo direto ao ponto: não acredito ser razoável desconsiderar ou inverter o pressuposto de desconfiança da população no gestor público brasileiro. Tendo em vista a vasta trajetória de corrupção e nepotismo que marcam a administração pública brasileira, creio ser absolutamente razoável o pressuposto amplamente difundido na imprensa e na sociedade em geral de que o gestor público deve ser objeto de uma preocupação especial por parte do cidadão. Nesse sentido, é evidente que uma estrutura administrativa e legal mais burocrática pode-se tornar um entrave ou um óbice a mais a ser superado pelo gestor mal-intencionado, contribuindo no sentido de evitar o assalto aos cofres públicos.

Apesar dos avanços da sociedade brasileira nas últimas décadas, como o importante papel assumido pela imprensa, a intervenção e a força do Ministério Público, as experiências de orçamento participativo e os avanços quanto ao governo eletrônico, a estrutura institucional brasileira ainda não desenvolveu os instrumentos suficientes para conter de maneira satisfatória a corrupção, o nepotismo e o patrimonialismo. Em uma palavra, não observo transformação significativa da sociedade ou do Estado que justifique uma mudança de perspectiva da população em relação ao administrador público brasileiro, como expressamente preconizado na passagem anteriormente descrita no Plano Diretor.

Objetivamente, considero muito otimista, ingênuo e perigoso o pressuposto observável em boa parte dos projetos de contratualização, agencificação e flexibilização das regras da administração pública, que partem da premissa de que o nível de mobilização e organização da sociedade civil seria suficiente para conter as pressões populistas, nepotistas e patrimonialistas contra o Estado brasileiro.

De modo geral, acredito que esse diagnóstico da realidade brasileira superestima perigosamente a capacidade de mobilização dos grupos organizados. Para trabalhar com um conceito de Putnam muito utilizado na literatura sociológica, entendo que há uma supervalorização do capital social brasileiro, que infelizmente ainda permanece muito distante de um modelo efetivamente capaz de coibir os abusos contra a administração pública.[11]

Não desconsiderando os avanços institucionais e democráticos das últimas décadas, identificamos algumas dificuldades quase intransponíveis para que o controle social sobre a administração pública brasileira seja efetivo:

- os históricos baixos níveis de participação e mobilização do sociedade civil;
- o visível antagonismo identificado por Weber (1999) entre democracia e burocracia; o caráter essencialmente técnico e árido da informação de interesse público, como a execução orçamentária, os processos de licitação etc.;

---

[11] Putnam, 2004.

- a assimetria da informação entre a sociedade e o gestor público;
- a dificuldade da sociedade em selecionar e processar um volume gigantesco de informações disponíveis;
- as deficiências relativas à ação coletiva, entre outros aspectos não menos importantes.

Em relação à natureza técnica e árida dos temas atinentes à administração pública, que dificulta o controle social e afasta o cidadão comum do Estado, gostaria de apresentar apenas um exemplo de como estamos distante de um ideal de participação e mobilização social. A Aneel fez uma convocação nos maiores jornais brasileiros para uma audiência pública que foi realizada, em 16 de dezembro de 2005, no auditório da agência em Brasília. Desconsiderando o fato de que poucas pessoas se disporiam ou não poderiam se deslocar de outras cidades para Brasília com o intuito de participar da audiência, vejamos apenas os aspectos relacionados com o nível de complexidade da questão. Literalmente, vejamos a redação da convocação:

> Essa audiência é aberta a todos e tem o objetivo de ouvir a sociedade sobre as condições para a comercialização de energia elétrica proveniente de empreendimentos de geração que utilizem *fontes primárias incentivadas*.[12]

Imagine a dificuldade do cidadão comum para se manifestar sobre temas tão complexos como a comercialização de energia elétrica. Não bastasse essa dificuldade inicial, naturalmente apenas os especialistas poderão argumentar com alguma segurança sobre os empreendimentos de geração que utilizem fontes primárias incentivadas, tema absolutamente vazio para a esmagadora maioria da sociedade.[13]

Assim, em sintonia com os aspectos acima arrolados, a questão da flexibilização das regras administrativas, pressuposto fundamental dos processos de contratualização e agencificação, deve ser considerada com mais atenção e cautela, inspirando cuidados redobrados para não anular ou inviabilizar as recentes experiências baseadas na assinatura de contratos de gestão. No atual contexto brasileiro, a combinação entre flexibilização das regras administrativas e incapacidade operacional e institucional em se exercer de maneira efetiva o controle social pode ser explosiva, antes trazendo níveis mais elevados de corrupção do que eficiência na ação estatal brasileira.

---

[12] Grifo do autor.
[13] Como cidadão leigo, não tenho a menor idéia do que isso significa.

Um outro elemento parece-me ainda digno de ser mencionado sobre a questão da corrupção e do controle social na administração pública brasileira. Especialmente no caso do estado de São Paulo, constatamos uma intensa criação de OSs para atuarem na área da saúde pública. Além de altamente complexa e responsável por orçamentos gigantescos, essa área merece atenção especial quando o assunto é corrupção e desvio de verbas públicas.

No Brasil, a área da saúde tem proporcionado rotineiramente enormes escândalos de desvios de recursos públicos. São amplamente conhecidas práticas abomináveis, não exclusivamente envolvendo a administração pública, que perpassam a área de saúde no Brasil com grande repercussão na imprensa. Vejamos as mais conhecidas:

- o relacionamento muito estreito e incestuoso entre a classe médica e os grandes laboratórios produtores de medicamentos;
- a prática consagrada no meio médico de burlar o fisco através da não-emissão de recibos;
- a máfia que geralmente se estabelece entre os profissionais da saúde e as clínicas e laboratórios de exames médicos;
- as fraudes constantes de hospitais e médicos contra o Sistema Único de Saúde (SUS);
- o fato amplamente comprovado de que os médicos são os servidores que menos cumprem seus horários de atendimento na rede pública de hospitais;
- as práticas também condenáveis e usuais de médicos e hospitais que fraudam os próprios planos privados de saúde, responsáveis pela saúde suplementar no Brasil.

Assim, alertamos que a área da saúde pública é muito complexa, detém orçamentos gigantescos e está submersa em uma cultura política altamente patrimonialista e predatória, provavelmente não representando a área mais recomendável para se iniciar uma experiência de flexibilização de regras administrativas, característica primordial dos processos de contratualização.

Outra dificuldade em iniciar o processo de contratualização pela saúde pública é de ordem jurídica, uma vez que existe a previsão constitucional de que a saúde é direito do cidadão e dever do Estado (art. 196 da CF/88). Dessa forma, não deixa de representar uma dificuldade adicional, especialmente quanto aos questionamentos jurídicos esperados que a criação de OSs acarreta, iniciar o processo de contratualização pela área da saúde pública. Buscando maior viabilidade da experiência, provavelmente seria mais seguro e recomendável a opção por áreas menos críticas, com menor grau de exposição e sensibilidade para o gestor público, como as áreas de cultura, educação etc. Assim, depois de um aprendizado em áreas menos complexas e sensíveis, a experiência, se bem-sucedida, poderia ser estendida para a área da saúde.

Por fim, uma outra questão relacionada ao *timing* das reformas no plano federal deve ser aqui destacada, por ser especialmente importante para explicar os problemas de coordenação envolvendo as agências executivas e OSs.

Acontece que a legislação que regulamenta esses dois modelos só foi definitivamente editada em 1998, último ano do primeiro mandato do governo Fernando Henrique.[14] Por outro lado, em janeiro de 1999, primeiro ano do segundo mandato, o Mare foi extinto, deixando sem uma coordenação efetiva, arrojada e eficaz os modelos recém-instituídos pela legislação. Essa assincronia importou na ausência de energia, coordenação, apoio político e persistência administrativa necessários para fazer decolar uma experiência tão audaciosa, pelo menos como nos termos colocados no Plano Diretor. É evidente que essa estrutura legal e institucional, que perdeu vitalidade com a extinção do Mare, era fundamental para o sucesso de um novo modelo de gestão, complexo e inovador para os parâmetros da administração pública brasileira. Em parte, afora questões estritamente jurídicas e políticas, o reduzido número de órgãos que se transformaram em OSs e agências executivas pode ser explicado pelo desencontro institucional que apontamos atrás, considerando que todo esforço de desenvolvimento do marco legal desse novo modelo estava concentrado no Mare.

Como veremos mais detalhadamente adiante, pelos padrões conhecidos da administração pública brasileira, a orfandade de determinado projeto é irmã siamesa da descontinuidade, grande vilã dos projetos de inovação gerencial do Estado. A criação de agências executivas e OSs se concentra no princípio do segundo mandato, portanto depois de já extinto o Mare, deixando essas experiências sem força política na Esplanada. Por outro lado, é notório que na segunda metade de seu governo o presidente Fernando Henrique dedicou suas melhores energias no sentido de consolidar o Plano Real e as reformas macroeconômicas de ajuste fiscal, praticamente abandonando a reforma administrativa.

---

[14] A legislação das agências executivas é a Lei nº 9.649, de 27 de dezembro de 1998. As OSs foram criadas pela Lei nº 9.637, de 15 de maio de 1998. Veja mais detalhes no quadro-resumo do capítulo 7.

Agora, depois de uma necessária discussão sobre o complexo problema do controle social no processo de contratualização, faremos uma análise mais contextualizada da recente experiência federal, seguida de uma aproximação com o caso de Minas Gerais, aqui entendido como uma amostra representativa das experiências estaduais.

CAPÍTULO III   Agências executivas

A possibilidade de criação das agências executivas está inicialmente prevista na Lei nº 9.649, de 27 de maio 1998, que trata da organização do Poder Executivo federal. Em seus arts. 51 e 52, a lei estabelece que autarquias e fundações poderão ter sua autonomia gerencial aumentada através de um processo de contratualização. De maneira vaga e imprecisa, a lei estabelece alguns requisitos mínimos para a qualificação das agências executivas:

- para se qualificar como agências executivas as autarquias e fundações terão que elaborar um plano estratégico de reestruturação e desenvolvimento institucional;
- deverão também celebrar um contrato de gestão com o respectivo ministério supervisor;
- ato do presidente da República fará a qualificação da agência executiva;
- o Poder Executivo editará medidas de organização administrativa específicas para as agências executivas, visando assegurar a sua autonomia de gestão, bem como a disponibilidade de recursos orçamentários e financeiros;
- os planos estratégicos abordarão os seguintes aspectos: racionalização de estruturas e do quadro de servidores, revisão dos processos de trabalho, desenvolvimento dos recursos humanos e fortalecimento da identidade institucional do órgão;
- os contratos de gestão das agências executivas serão celebrados com periodicidade mínima de um ano e estabelecerão objetivos, metas e respectivos indicadores de desempenho da entidade, bem como os recursos necessários e os critérios e instrumentos para a avaliação do seu cumprimento.

Ainda com base na MP nº 1.549-38, de 31 de dezembro de 1997, que posteriormente foi convertida na Lei nº 9.649, foram editados dois decretos regulamentando a criação das agências executivas: os Decretos n⁰ˢ 2.487 e 2.488, ambos de 2 de fevereiro de 1998. Nessa legislação, editada já no último ano do primeiro mandato do presidente Fernando Henrique, merece destaque a previsão do art. 7º do Decreto nº 2.488, que, pelo menos em princípio, procura proteger as agências executivas dos contingenciamentos, tão comuns na administração pública brasileira. *In verbis*: "A execução orçamentária e financeira das Agências Executivas observará os termos do contrato de gestão e não se sujeitará a limites nos seus valores para movimentação, empenho e pagamento".

No plano federal, uma única autarquia foi qualificada, também no último ano do primeiro mandato de Fernando Henrique, como agência executiva: o Instituto Nacional de Metrologia, Normalização e Qualidade Industrial (Inmetro). Como facilmente podemos constatar, a experiência federal é muito reduzida e, em alguma medida, o número insignificante de autarquias qualificadas já é um excelente indício das dificuldades que o modelo tem enfrentado. De certa forma, a não-qualificação de outras autarquias como agências executivas já demonstra o abandono do modelo por parte do próprio governo FHC, evidenciando falta de vontade política e persistência administrativa para implantar definitivamente novos modos de operação do setor estatal brasileiro.

Como veremos em detalhes mais adiante, essa descontinuidade representa um problema sério que a administração pública brasileira vive toda vez que pretende fazer inovações institucionais mais incisivas e radicais. Como essas intervenções institucionais, para serem bem-sucedidas, dependem de forte e constante apoio político, sempre paira sobre essa nova experiência o fantasma da descontinuidade ou o risco do abandono. Naturalmente, a vontade política é muito volátil, especialmente no contexto do presidencialismo de coalizão brasileiro, o que pode implicar total abandono dos novos modelos institucionais por parte dos futuros governantes, que usualmente elegem novas prioridades na condução da administração pública.

Esse é o tipo de problema que a administração pública enfrenta em todos os países; o diferencial brasileiro é que, pelas características de nossas principais instituições democráticas, como os sistemas partidário e eleitoral, o pacto federativo, a relação Executivo/Legislativo, entre outras, a volatilidade das coalizões governistas é muito intensa. Claramente, mesmo ocorrendo a reeleição de FHC em 1998, o projeto inicial de reforma administrativa foi parcialmente abandonado no segundo mandato, resultando inclusive em um congelamento das propostas de implantação das OSs e das agências executivas.

Dessa forma, como facilmente podemos constatar, a insegurança jurídica, institucional e política que paira sobre os novos modelos de gestão da administração pública brasileira é preocupante. Para colocar a questão de maneira mais provocativa: se mesmo em um contexto de reeleição a proposta de novos arranjos institucionais de gestão foi abandonada pelo segundo mandato do governo Fernando Henrique, imagine no cenário de uma alternância mais radical do poder, como aconteceu precisamente em 2002.

Claramente, essa grande instabilidade gerada pela operação da democracia representativa brasileira traz um custo adicional às propostas de mudanças institucionais mais incisivas. Assim, essa dificuldade específica deve ser realista e pragmaticamente considerada pelos defensores de intervenções institucionais e gerenciais mais intensas no modo de operação da administração pública brasileira. Ressaltamos ainda que essa colocação é extremamente válida para o contexto da União, que no federalismo brasileiro goza de muito mais visibilidade e controle social que os níveis subnacionais. No entanto é ainda mais verdadeira para a realidade de estados e municípios, em que a administração pública sofre ainda muito mais com a instabilidade e vicissitudes que organizam a disputa política pelo poder.

No nível federal, apesar do grande interesse inicialmente demonstrado pelo IBGE e pelo Instituto Brasileiro do Meio Ambiente e dos Recursos Naturais Renováveis (Ibama), apenas o Inmetro efetivamente transformou-se em uma agência executiva. Assim, sempre apontando as dificuldades institucionais que as reformas administrativas usualmente enfrentam, detalharemos um pouco mais como tem sido a experiência de criação e implantação da única agência executiva brasileira, o Instituto Nacional de Metrologia, Normatização e Qualidade Industrial:

- ministério supervisor: Ministério do Desenvolvimento, Indústria e Comércio;
- decreto de qualificação: Decreto de 30 de julho de 1998;
- ministérios intervenientes: Ministério da Fazenda e Ministério do Planejamento.

Uma primeira característica dessa experiência que deve ser mencionada está relacionada com o pequeno papel atribuído ao Mare pela legislação que regulamenta a matéria. Vejamos a redação do Decreto nº 2.487, art. 3º, §1º: "Previamente à sua assinatura, o contrato de gestão deverá ser objeto de análise e de pronunciamento favorável dos Ministérios da Administração e Reforma do Estado, do Planejamento e Orçamento e da Fazenda". Em seguida, complementa o §2º:

"Os Ministérios referidos no parágrafo anterior prestarão apoio e orientação técnica à elaboração e ao acompanhamento dos contratos de gestão".

Em alguma medida, a própria legislação, ao deixar frouxa e indeterminada a participação do Mare, possibilitou que o modelo ficasse sem uma coordenação forte e eficiente, condenando-o ao isolamento na Esplanada. Nesse mesmo sentido, não deixa de ser curioso constatar que o status do Mare, que supostamente deveria assumir um papel mais decisivo na implantação dessa nova experiência, é equivalente ao dos ministérios da Fazenda e Planejamento e Orçamento. Pela legislação, as atribuições desses ministérios são equivalentes, o que acarretou falta de coordenação do modelo. Em princípio, esperava-se por uma intervenção mais decisiva e enérgica do Mare, que deveria desempenhar o crucial papel de gestor na implantação das agências executivas, o que definitivamente não ocorreu.

Uma análise mais detalhada do contrato de gestão assinado entre o Inmetro e o Ministério do Desenvolvimento, Indústria e Comércio, que tem sido sistematicamente renovado, aponta para um conjunto tímido de flexibilidades conquistadas pela assinatura dos contratos. A obrigatoriedade de especificar no contrato de gestão essas flexibilidades está prevista no Decreto nº 2.487, art. 4º, inciso IV, que estipula que deverão conter nos contratos as "medidas legais e administrativas a serem adotadas pelos signatários e partes intervenientes com a finalidade de assegurar maior autonomia de gestão orçamentária, financeira, operacional e administrativa e a disponibilidade de recursos orçamentários e financeiros imprescindíveis ao cumprimento dos objetivos e metas".

Em sua grande parte, as medidas relativas ao aumento das flexibilidades estão previstas no Decreto nº 2.488, de 2 de fevereiro de 1998. Especificamente no contrato do Inmetro foram incorporadas as seguintes autonomias:

- fica delegada ao presidente do Inmetro a competência para aprovação e readequação de sua estrutura regimental ou seu estatuto, sem aumento de despesas;
- o presidente do Inmetro também poderá autorizar o afastamento do país dos servidores civis da instituição;
- fixação de limites específicos, aplicáveis ao Inmetro, para a concessão de suprimento de fundos para atender despesas de pequeno vulto;
- edição de regulamento próprio dispondo sobre valores de diárias no país e condições especiais para sua concessão;
- regulamentação do registro de freqüência de seus servidores.

Naturalmente, outra flexibilidade considerada também muito importante para as autarquias qualificadas como agências executivas é a possibilidade de dobrar o limite dos valores de dispensa de licitação estabelecido na lei geral de compras governamentais, a Lei nº 8.666, de 21 de junho de 1993, que, no parágrafo único do art. 24, que trata das dispensas, diz textualmente:

> Os percentuais referidos nos incisos I e II deste artigo serão 20% (vinte por cento) para compras, obras e serviços contratados por sociedade de economia mista e empresa pública, bem assim por autarquia e fundação qualificadas, na forma da lei, como Agências Executivas (Redação dada pela Lei nº 9.648, de 27 de maio de 1998).

Na prática, os limites atuais para dispensa de licitação são de R$ 8 mil para aquisição de bens e serviços gerais e R$ 15 mil para obras e serviços de engenharia. Assim, automaticamente, os limites de dispensa de licitação de uma autarquia qualificada como agência executiva salta para R$ 16 mil e R$ 30 mil para compras e serviços gerais e serviços de engenharia, respectivamente.

Outra flexibilidade também considerada importante pelo Inmetro é a possibilidade do pagamento de horas extras aos seus servidores. O relatório de acompanhamento dos resultados alcançados pelo Inmetro no contrato de gestão em 2004 aponta que naquele exercício houve o pagamento de 11.600 horas extras ao custo anual de R$ 165.863,83.

Quanto às flexibilidades, no mesmo relatório supramencionado há a constatação de que elas precisam ser ampliadas. Vejamos literalmente a letra "F" do mencionado relatório:

> As flexibilidades constantes no Contrato de Gestão foram importantes para o alcance dos resultados referentes às metas pactuadas, porque tornaram mais eficientes alguns processos administrativos. Estas flexibilidades, embora positivas, não são suficientes. Desta forma, temos que avançar em questões importantes relacionadas à gestão de pessoal, orçamentária, financeira e de compras/contratos e convênios.

No mesmo diapasão, de maneira mais enfática se pronuncia a Comissão de Acompanhamento e Avaliação, em relatório datado de 14 de março de 2005, item 9, das Conclusões:

> O Inmetro vem cumprindo as obrigações e alcançando os resultados estabelecidos no contrato de gestão. Por outro lado, o governo federal iniciou um processo de

análise da qualificação da Autarquia como Agência Executiva, que se implementa por intermédio do contrato de gestão avaliado. *A CAA considera urgente uma revisão das flexibilizações e autonomias ofertadas, para que o projeto de reforma do Estado possa se concretizar plenamente.*[15]

É importante ressaltar que ambos os relatórios são ambíguos e insuficientes, pois não explicam de que maneira as flexibilidades ajudaram no desempenho do órgão e tampouco esclarecem que novas medidas de flexibilização seriam necessárias ou suficientes. Aqui encontramos um grave problema comum aos vários contratos de gestão assinados tanto em nível federal quanto estadual. Como podemos observar, não há uma demonstração objetiva de como as flexibilidades ajudam a melhorar o desempenho institucional do órgão.

Nesse aspecto específico, os problemas referentes à qualificação técnica e à organização dos trabalhos das CAAs são gritantes, demonstrando que falta uma série de elementos fundamentais para subsidiar um estudo mais profundo de avaliação e diagnóstico. Os relatórios das CAAs são sucintos e pouco analíticos, indicando que estamos longe de realmente empreender um trabalho de qualidade em relação ao acompanhamento dos contratos de gestão. Os relatórios indicam claramente que as reuniões das CAAs são muito esparsas, comprovando que uma avaliação mais efetiva dos contratos ainda está por ser feita.

Por outro lado, quais seriam exatamente as novas flexibilidades que deveriam ser ofertadas pelo modelo das agências executivas? Que critérios objetivos, analíticos e gerenciais foram utilizados para se chegar a essa conclusão? Como não foi demonstrada objetivamente a relação causal anteriormente mencionada entre as atuais autonomias e o incremento do desempenho do órgão, como demonstrar agora que novas flexibilidades são necessárias?

Ainda com relação às novas flexibilidades requeridas para o modelo, devemos ressaltar que não há como aumentá-las sem uma reformulação do quadro legal vigente. Assim Di Pietro (2005:414) expõe a questão:

> Embora os decretos estejam em vigor, entendo que eles pouco efeito prático terão porque dificilmente se poderá ampliar a autonomia dessas entidades, por meio de decreto ou de contrato de gestão, porque esbarrarão os mesmos em normas legais e constitucionais. A ampliação dessa autonomia depende da promulgação da lei referida no artigo 37, § 8º, da Constituição, com a redação dada pela Emenda Constitucional nº 19/98.

---

[15] Grifo do autor.

Entendo que estamos realmente distantes de implantar uma cultura de avaliação de desempenho na administração pública brasileira, como pretendido pelo modelo das agências executivas, uma vez que o trabalho de avaliação dos contratos, fundamental para o sucesso dessa experiência, não tem sido realizado de maneira adequada.

De qualquer forma, não obstante as qualificações e restrições mencionadas, fica o registro importante de que as autonomias atualmente disponibilizadas pelo modelo são entendidas como insuficientes pelos gestores e avaliadores da única agência executiva implantada no governo federal. Inicialmente, poucos órgãos se interessaram em qualificar-se como agência exatamente por entenderem que um conjunto tímido de flexibilidades não compensaria os altos custos institucionais e gerenciais envolvidos na mudança, especialmente quanto à insegurança gerencial e às resistências dos próprios servidores.

Pela leitura dos contratos de gestão e seus termos aditivos, dos relatórios de gestão e de atividades do órgão e pelos relatórios da CAA, é possível fazer uma avaliação dessa experiência única e singular dentro da administração pública federal. Destaque-se que todas essas informações estão disponibilizadas, de maneira bem organizada e gerencial, na página eletrônica do órgão (www.inmetro.gov.br), facilitando o acompanhamento da experiência por parte da sociedade e dos analistas. Uma leitura atenta dos dados da tabela 2 nos ajuda a entender alguns aspectos importantes que envolvem o processo de agencificação.

Tabela 2
Inmetro: dados orçamentários

Discriminação	2003	2004	Variação %
Orçamento realizado	R$ 212.688.357,03	R$ 294.055.598,56	38,3
Receita total (R$)	R$ 213.658.128,48	R$ 285.128.463,12	33,5
Receita própria (R$)	R$ 146.381.117,80	R$ 206.663.693,34	41,2
Percentagem da receita própria no orçamento	68,51	72,48	3,97
Recursos recebidos do Tesouro (R$)	R$ 15.508.382,99	R$ 21.028.651,97	35,6

Inicialmente, cabe apontar que a criação de agências executivas em particular e todo o processo de contratualização de desempenho em geral são extremamente favorecidos quando o órgão tem receitas próprias, como é o caso do Inmetro. Como podemos constatar, o Inmetro arrecada cerca de 70% do seu orçamento. Esse dado é importante, tendo-se em vista os constantes contingenciamentos que caracterizam a administração pública brasileira. Sem dúvida, um dos grandes apelos para que autarquias e fundações públicas se transformassem em agências executivas seria exatamente a possibilidade de escapar das restrições orçamentárias impostas ao restante da administração pública federal.

Naturalmente, quanto menos o órgão depende de verbas do orçamento federal, menos sujeito ele estará a sofrer cortes por parte do Tesouro Nacional. Como as instituições que se transformaram em OSs, agências executivas e reguladoras não ficaram isentas dos cortes orçamentários, promessa não-cumprida no processo de contratualização, o fato de o órgão arrecadar boa parte de sua despesa tornou-se imprescindível para o sucesso da experiência de contratualização. De outra forma, como atingir metas e cumprir contratos diante de constantes cortes no orçamento? Como melhorar desempenho e atingir objetivos ambiciosos pactuados em meio às incertezas orçamentárias?

A limitada experiência do Inmetro aponta para um problema sério que não recebeu o tratamento adequado por parte do Ministério do Planejamento, qual seja, o fato de o processo de agencificação possuir uma afinidade eletiva com os órgãos que possuem receitas próprias. Em princípio, por exclusão, toda a área social, que geralmente não possui arrecadação própria, pelo contrário, demanda gastos públicos enormes, teria uma dificuldade adicional para tentar implantar uma experiência de contratualização. Provavelmente, é possível afirmar que, quanto menor a dependência das instituições em relação ao Tesouro Nacional, maiores as chances de sucesso na implantação do modelo de gestão baseado na contratualização de desempenho. A experiência indica que as dificuldades encontradas pelo Inmetro na implantação do modelo das agências executivas seriam potencializadas em eventual tentativa em uma instituição que não tem receita própria, indicando um gargalo na concepção do processo de contratualização.

Outra questão importante está relacionada com o aspecto da contenção de despesas, que constitui um dos elementos mais importantes quando se fala em aumento de produtividade e eficiência. Apesar de explicitamente previsto na legislação, o aspecto da redução das despesas não tem sido alvo de maiores preocupações por parte dos gestores do Inmetro, como observável pela leitura dos vários relatórios referentes ao contrato de gestão. O Decreto nº 2.487, em seu art. 4º, §1º, letra *d*, é incisivo, prevendo que é obrigatório constar nos contratos de gestão itens relativos à "racionalização de dispêndios, em especial com custeio administrativo".

Nesse aspecto específico, repare o enorme aumento dos gastos realizados pelo Inmetro, incluindo custeio e investimento, entre os exercícios de 2003 e

2004, implicando uma considerável variação de 38,3%. Em geral, especialmente em relação à administração pública, quando se fala em aumento de performance, estabelece-se uma relação direta e positiva entre o aumento dos gastos e a ampliação das atividades realizadas. Pela leitura dos relatórios de gestão da instituição constata-se que a questão da contenção de despesas, importante variável a ser trabalhada na busca por maior eficiência administrativa, não foi efetivamente atacada pela direção do Inmetro, indicando uma considerável deficiência na implantação de uma cultura de avaliação de desempenho na administração pública brasileira.

Nesse sentido, a não-regulamentação, em nível federal, do art. 39, §7º, acrescentado na CF/88 pela EC nº19, de 4 de junho de 1998, foi extremamente prejudicial às experiências de contratualização de desempenho na União. O incentivo à contenção de despesas fica evidente pela leitura do texto constitucional:

> Lei da União, dos Estados, do Distrito Federal e dos Municípios disciplinará a aplicação de recursos orçamentários provenientes da economia com despesas correntes em cada órgão, autarquia e fundação, para aplicação no desenvolvimento de programas de qualidade e produtividade, treinamento e desenvolvimento, modernização, reaparelhamento e racionalização do serviço público, inclusive sob a forma de adicional ou prêmio de produtividade.

Assim, pela ausência de regulamentação de uma matéria constitucional importante, que está intimamente ligada com o processo de contratualização e avaliação de desempenho, a busca de maior eficiência por meio da racionalização das despesas ficou comprometida. Em boa parte, até onde podemos enxergar, essa é a explicação para a despreocupação dos gestores do Inmetro com relação à contenção das despesas de custeio do órgão. Pela análise dessa curta e singular experiência, a intensa evolução do orçamento executado do Inmetro parece apontar para uma tendência de que os contratos de gestão não conseguem produzir ganhos de produtividade pela contenção da despesa, provavelmente apenas pelo incremento das receitas.

Necessariamente, essa característica remeteria a uma questão mais estrutural do Estado brasileiro que, na incapacidade ou falta de vontade política para atacar os gastos públicos, resolve seus problemas fiscais pelo aumento cavalar da carga tributária. O dado mais contundente nesse sentido é o fato de a carga tributária nacional ter alcançado inacreditáveis 38% do Produto Interno Bruto (PIB) nacional em 2005. Em perspectiva comparada, essa cifra é astronômica para países que estão na mesma faixa de desenvolvimento econômico e social que o Brasil, especialmente quando analisamos a qualidade dos serviços públicos atualmente prestados pelo Estado.

Por outro lado, não se pode deixar de mencionar que um esforço mais decisivo na busca por ganhos de eficiência através da contenção despesas envolve um *trade off* evidente: usualmente, a ampliação da ação estatal, um dos objetivos principais dos contratos de gestão, envolve o aumento dos gastos de custeio. Naturalmente, a ampliação dos trabalhos na área de metrologia envolve aumento de gastos de combustíveis, telefone, diárias de deslocamentos, papel, tinta de impressora, investimento etc.

Assim, a menos que a ampliação da capacidade operacional do órgão seja em função de um ganho considerável de produtividade, cada ampliação da capacidade operacional do Inmetro implicará aumento dos gastos de custeio. Parece-me tarefa muito ambiciosa, pelo menos na administração pública brasileira, aumentar a prestação de serviços concomitantemente com um programa eficiente de contenção de despesas. Pelo menos em parte, esse conjunto de explicações evidencia as dificuldades encontradas pelo processo de contratualização para reduzir as despesas de custeio no âmbito da administração pública brasileira, como cabalmente demonstra a experiência da única agência executiva do governo federal.

Quanto ao aumento das receitas do Inmetro, um outro conjunto de problemas se coloca. Entre 2003 e 2004 houve uma elevação expressiva das receitas da instituição de cerca de 33,5%. Aumento maior ainda podemos constatar pela evolução das receitas próprias, que cresceram 41,2% em apenas um ano. Infelizmente, esse ganho de receita é atribuído apenas ao reajuste das taxas dos serviços metrológicos, não havendo nenhuma razão objetiva para atribuir esse aumento da arrecadação aos possíveis ganhos de eficiência buscados pelo contrato de gestão. O próprio relatório de acompanhamento dos resultados alcançados pelo Inmetro no contrato de gestão de 2004 reconhece essa dificuldade:

> A associação desse resultado ao desempenho dos indicadores do contrato de gestão, é tarefa bastante difícil, uma vez que não é possível mensurar o impacto de indicadores que avaliam a qualidade do serviço, com "nível de satisfação" ou "nível de credibilidade", que são maioria no caso do Inmetro. Devemos ainda considerar que não são todas as receitas do Inmetro que têm seus resultados associados aos macroprocessos avaliados.

Mais uma vez, duas características estruturais da administração pública brasileira dificultam a implantação dos contratos de gestão:

- para que buscar eficiência se temos o atalho fácil e praticamente inesgotável de simplesmente aumentar a carga tributária indefinidamente?
- são evidentes os problemas relativos à busca de padrões eficazes e critérios objetivos para empreender uma adequada avaliação dos contratos de gestão.

Parte desses problemas só poderá ser resolvida por uma atuação mais decisiva, autônoma e profissional das CAAs. Pela leitura de seus relatórios de avaliação, geralmente pequenas peças de apenas quatro páginas, encontramos algumas características que são importantes:

- as reuniões das comissões são muito esparsas, geralmente voltadas para os prazos regulamentares de aprovação do relatório elaborado pelos dirigentes do Inmetro;
- essa sistemática comprova que um trabalho mais diuturno e constante de avaliação não está sendo feito, com péssimas implicações sobre o processo;
- decididamente não há critérios objetivos para avaliar o impacto do contrato de gestão sobre o desempenho da instituição;
- o relatório da CAA tem a feição de uma peça extremamente burocrática, com poucas intervenções ou recomendações aos dirigentes, inclusive deixando de aproveitar uma oportunidade de colaborar no aperfeiçoamento do contrato de gestão (no relatório de 21 de setembro de 2004 simplesmente não há nenhuma recomendação quanto à execução do contrato de gestão).

Assim, por uma série de dificuldades – como falta de um conjunto atrativo de incentivos, indefinições inerentes a uma experiência nova, dificuldades operacionais e falta de prioridade ao modelo por parte do Ministério do Planejamento, especialmente no governo do presidente Lula, a experiência com as agências executivas praticamente naufragou, deixando lições importantes ao modelo de contratualização que foi introduzido na administração pública brasileira.

CAPÍTULO IV Organizações sociais

No Plano Diretor da Reforma do Aparelho do Estado (PDRAE), como previsto, já aparece um esboço razoavelmente claro do plano de gestão pensado para ser executado através das OSs. No PDRAE é mostrado que a adesão ao projeto é voluntária, a partir da iniciativa dos respectivos ministros, tendo como alvos principais os hospitais, as universidades e as escolas técnicas, os centros de pesquisa, as bibliotecas e os museus. Literalmente, vejamos a definição de OSs:

O projeto das OSs tem como objetivo permitir a descentralização de atividades no setor de prestação de serviços não-exclusivos, nos quais *não existe o exercício do poder de Estado*, a partir do pressuposto de que esses serviços serão mais eficientemente realizados se, *mantendo o financiamento do Estado*, forem realizados pelo setor público não-estatal. Entendem-se por "OSs" as entidades de *direito privado* que, por iniciativa do Poder Executivo, obtêm autorização legislativa para celebrar contrato de gestão com esse poder, *e assim ter direito a dotação orçamentária*. As OSs terão autonomia financeira e administrativa, respeitadas as condições descritas em lei específica, como, por exemplo, a forma de composição de seus conselhos de administração, prevenindo-se, deste modo, a privatização ou feudalização dessas entidades. Elas receberão recursos orçamentários, podendo obter outros ingressos através de prestação de serviços, doações, legados, financiamentos etc. As entidades que obtenham a qualidade de OSs gozarão de maior autonomia administrativa e, em compensação, seus dirigentes terão maior responsabilidade pelo seu destino. Por outro lado, busca-se através das OSs uma maior *participação social, na medida em que elas são objeto de um controle direito (sic) da sociedade através de seus conselhos de administração recrutados ao nível da comunidade* à qual a organização serve. Adicionalmente se busca uma maior parceria com a sociedade, que deverá financiar uma parte menor mas significativa dos custos dos serviços prestados.[16]

---

[16] Brasil, 1995:74. Grifos do autor.

Em várias passagens do Plano Diretor constatamos um controverso diagnóstico sobre a administração pública brasileira que subsidia todo o processo de contratualização e agencificação, sendo especialmente válido para as OSs. Barreto (1999:127) captou esse entendimento com peculiar precisão:

> A solução encontrada pelo governo para reestruturar a gestão das atividades sociais – centrada numa estratégia de retirada do Estado desses setores –, reflete, de certa forma, o reconhecimento da impossibilidade de enfrentar um dos problemas estruturais do setor público: a excessiva regulamentação, determinada por uma cultura burocrática baseada no princípio da desconfiança prévia, que justifica a existência de um rígido sistema de controle *a priori* sobre os processos administrativos. Revela ainda, implicitamente, a constatação de que, dentro da lógica jurídico-institucional prevalecente no setor público, não há solução para questões essenciais como a alocação eficiente de recursos, o compromisso dos servidores com a coisa pública e o controle efetivo dos resultados.

Dessa forma, a saída institucional buscada combina um conjunto de alterações que garantiriam a eficiência do gasto público nos serviços não-exclusivos do Estado. Em linhas gerais, esse conjunto de medidas envolveria:

- uma aposta radical no controle social;
- flexibilização das regras administrativas, especialmente quanto à liberdade de contratação e demissão pelo regime da CLT e não-vinculação à lei geral de compras governamentais;
- introdução de instrumentos de aferição de desempenho por resultados;
- estabelecimento de um mecanismo de busca competitiva por recursos públicos, uma vez que o repasse de verbas para as OSs não é garantido por nenhum regramento legal.

Como anteriormente mencionado, a Rede Sarah de Hospitais de Reabilitação, atualmente com sete unidades em seis estados, representa experiência pioneira quanto à contratualização, tendo influenciado diretamente a concepção das OSs. A Lei nº 8.246, de 22 de outubro de 1991, autoriza a criação do Serviço Social Autônomo Associação das Pioneiras Sociais, que no mesmo ano celebra contrato de gestão com o Ministério da Saúde. A lei de criação da Rede Sarah é importante porque antecipa vários aspectos da Lei nº 9.637, de 15 de maio de 1998, que dispõe sobre a qualificação das OSs.

Para melhor entender o projeto das OSs, como planejado e implementado pelo Mare, algumas qualificações se fazem necessárias. Em primeiro lugar, cabe destacar que o financiamento dessas instituições continuará sendo, prioritariamente, garantido pelo Tesouro Nacional, ou seja, o orçamento da União. A idéia inicial seria desburocratizar e flexibilizar a legislação, amenizando as regras de controle impostas à administração pública em geral, em contrapartida ao incremento do controle social.

Pelo menos em princípio, uma das grandes vantagens do modelo seria a intensificação do controle social, garantida através da eleição do conselho de administração, recrutado no nível da comunidade. Na minha avaliação, três problemas graves e estruturais surgem nesse formato institucional de implementação de políticas públicas no Brasil:

- as deficiências no controle social;
- a prevalência de indicações políticas quando se trata dos representantes do setor público, que obedecem apenas aos critérios da conveniência da coligação política dominante e que, de acordo com a lei, podem chegar a 40% da composição do conselho;
- um processo de oligarquização das associações, das entidades da sociedade civil que se relacionam com o setor público e também dos representantes dos próprios usuários.

Uma aproximação com os conselhos atualmente existentes no Brasil, nas mais diversas áreas (educação, saúde, direitos da criança e do adolescente, assistência social etc.) e níveis (conselhos federais, estaduais e municipais), é bastante esclarecedora sobre o aspecto da oligarquização que queremos destacar.

Depois da CF/88 é praticamente obrigatória a constituição de conselhos de políticas públicas para controlar a ação do Estado, em todos os três níveis da Federação. Pela tabela 1 anteriormente mencionada, apenas no nível municipal o IBGE apontava a existência de 28.216 conselhos no ano de 2001. Acontece que esse número expressivo esconde um aspecto muito relevante: a qualidade da atuação dos conselhos.

Um estudo mais detalhado da atuação desses conselhos pelo país afora ainda está por ser feito, mas já existem alguns bons indícios no sentido de apontar as dificuldades mais evidentes. Uma pesquisa realizada pela Fundação João Pinheiro em 2000 com o Conselho Estadual de Assistência Social e Conselho Estadual de Direitos da Criança e do Adolescente, ambos em Minas Gerais, levantou as seguintes deficiências:

- falta de autonomia dos conselhos em relação ao Poder Executivo, dependência que vai do município à União, passando naturalmente pelos estados;

- baixa contribuição técnica/política por parte dos conselheiros, que apresentam níveis elementares de conhecimento sobre as políticas públicas em questão;
- excessiva fragmentação dos conselhos, especialmente no nível municipal, implicando inclusive a dificuldade em encontrar quadros capacitados para participar dos vários conselhos.[17]

Apesar de não constar especificamente da pesquisa, problemas mais gerais relacionados com toda e qualquer forma de organização burocrática como formação de grupos oligárquicos, distanciamento entre a cúpula e a base das instituições e assimetria da informação, entre outros, também têm dificultado o funcionamento adequado dos conselhos de políticas públicas no Brasil. Naturalmente, nesse contexto adverso, os mecanismos de controle social ficam comprometidos, representando considerável empecilho no aperfeiçoamento da ação estatal.

Assim, acreditamos que os problemas mais gerais e comuns que observamos no funcionamento efetivo dos conselhos de políticas públicas tendem a se reproduzir nos conselhos instituídos para gerir as OSs. Como a legislação acredita muito na eficiência do controle social sobre a administração pública, qualquer falha mais grave no funcionamento dos conselhos de administração das OSs pode comprometer profundamente todo o processo de contratualização de desempenho. Mais enfaticamente, não acreditamos, como está previsto na passagem do Plano Diretor já citado, que a composição paritária dos conselhos de administração das OSs seja suficiente para impedir a privatização e a feudalização dessas instituições. Assim, na insuficiência do controle social, essas instituições, que estão fora do marco legal da administração pública brasileira, correm o risco de potencializarem a conhecida prática do *rent seeking*, ou seja, a captura de bens públicos em proveito de interesses privados.

Ainda com relação aos conselhos, precisamos destacar a história recente relativa aos conselhos de administração, figura jurídica comum na administração indireta. A estrutura administrativa que prevê a existência dos conselhos de administração tornou-se perversa no Brasil, demonstrando mais uma vez os riscos envolvidos no processo de flexibilização em um ambiente pouco republicano. Atu-

---

[17] Apesar de o estudo analisar apenas alguns conselhos no estado de Minas Gerais, acredito que suas conclusões sejam verdadeiras para todo o Brasil, haja vista que não são tão gritantes as diferenças regionais quanto à mobilização e à organização da sociedade civil brasileira.

almente, a participação nesses conselhos de administração é disputadíssima pelos elevados jetons que pagam, servindo como complemento de salário das altas autoridades de Brasília, incluídos os ministros de estado. Na prática, os conselhos de administração pouco contribuem para o gerenciamento das instituições da administração indireta, servindo mesmo como mais uma benesse do Estado brasileiro à classe política.

A lei prevê apenas reuniões quadrimestrais para os conselhos de administração de OSs, mas existe a possibilidade de se convocar um número indefinido de reuniões extraordinárias. Quanto à remuneração, vejamos a redação do art. 3º, inciso VII, da Lei nº 9.637: "os conselheiros não devem receber remuneração pelos serviços que, nesta condição, prestarem à OS, ressalvada a ajuda de custo por reunião da qual participem". A legislação permite o pagamento de jetons, podendo acarretar disfuncionalidade administrativa, ou seja, criação de mais cargos para serem apropriados no Estado. É de triste figura a história dos conselhos que atualmente existem na administração indireta, restando um alerta para que essa aberração não se reproduza com as OSs.

Em outro livro (Torres, 2004), analisamos as dificuldades e deficiências do controle social no Brasil, país historicamente caracterizado por ter uma sociedade civil fraca, desmobilizada e apática, em contraste com um Estado forte, controlador e centralizador. Em uma sociedade com essas características, as dificuldades naturais e esperadas referentes ao controle social são potencializadas. Assim, esperam-se maiores dificuldades quanto ao acesso aos dados e informações precisas e esclarecedoras relativas à administração pública.

A desejável participação em reuniões e assembléias, o manuseio de relatórios e bibliografia especializada sobre as políticas públicas, entre outras dificuldades, ficam potencializados em uma sociedade desorganizada e apática. Nesse contexto historicamente adverso, esses empecilhos são potencializados de forma exponencial, praticamente inviabilizando a implantação de novos arranjos de gestão que se sustentam, pelo menos no plano teórico, na decisiva participação da sociedade.

Outra deficiência relacionada com o controle social no Brasil seria a dificuldade técnica em processar e fazer uso adequado e eficiente da informação disponibilizada pela administração pública, apesar do aumento real da transparência do setor público brasileiro nas últimas décadas. Por seu caráter essencialmente técnico, as informações afetas ao interesse público são de difícil compreensão, dificultando e inviabilizando o controle social esperado e necessário sobre a administração pública.

Autores clássicos como Michels, Weber e Bobbio já apontavam os antagonismos entre democracia e burocracia, ressaltando que a natureza técnica do trabalho burocrático afasta e inibe o controle democrático sobre o Estado. Sob pena de se incorrer em erros crassos, essa lição jamais pode ser esquecida, como tem acontecido amiúde no Brasil, onde se constata uma supervalorização dos rudimentares instrumentos de controle social, em contraste com o abandono histórico das técnicas e instituições clássicas do controle, como os tribunais de contas, que permanecem como uma estrutura esclerosada, arcaica e excessivamente politizada da administração pública brasileira. Bobbio (1979:41) foi extremamente feliz ao colocar com clareza essa inflexão:

> Um terceiro paradoxo – o mais macroscópico – é o efeito de desenvolvimento técnico, característico das sociedades industriais, não importando se regidas por economia capitalista ou socialista, ou seja, o fato de que nestas sociedades são aumentados de maneira sempre mais acelerada os problemas que requerem soluções técnicas não-confiáveis senão aos competentes, donde deriva a decorrente tentação de governar através dos puros técnicos ou tecnocracia.

E mais adiante, na mesma linha de pensamento e no mesmo texto: "O protagonista da sociedade industrial é o cientista, o especialista, o *expert*; o protagonista da sociedade democrática é o cidadão qualquer, o homem de rua (...)".[18]

Em um esforço para entender algumas falhas ou dificuldades na implantação do modelo, um outro detalhe importante precisa ser esclarecido quanto à criação das OSs. O Plano Diretor (1995:74) fala expressamente da necessidade de autorização legislativa para a sua criação:

> Entendem-se por "OSs" as entidades de direito privado que, por iniciativa do Poder Executivo, *obtêm autorização legislativa* para celebrar contrato de gestão com esse poder, e assim ter direito a dotação orçamentária.[19]

Como vimos, apesar da idéia inicial contida no Plano Diretor, quando surgiu a lei das OSs, desapareceu a menção à participação do Poder Legislativo no processo, como facilmente observamos através da leitura do inciso II do art. 2º da

---

[18] Bobbio, 1979:41.
[19] Grifo do autor.

Lei nº 9.637, que estabelece entre os requisitos específicos para a habilitação a necessidade de:

> Haver aprovação, quanto à conveniência e oportunidade de sua qualificação como organização social, *do Ministro ou titular de órgão supervisor ou regulador* da área de atividade correspondente ao seu objeto social e do Ministro de Estado da Administração Federal e Reforma do Estado.

Naturalmente, prevendo as dificuldades que o processo de criação de OSs encontraria no Poder Legislativo, a lei das OSs restringiu todo o procedimento legal dentro da esfera do Poder Executivo. Assim, se é verdade que houve um ganho de agilidade e autonomia do Poder Executivo sobre o processo de criação de OSs, é inequívoco que a impossibilidade de interferência do Poder Legislativo tenha acarretado falta de transparência e legitimidade.

Na mesma medida em que a legislação fortaleceu a posição do Poder Executivo, fazendo da criação e transformação de OSs um ato discricionário, a ausência de discussão e tramitação no Legislativo trouxe opacidade e desconfiança em relação ao processo. Claramente, houve um enfraquecimento do controle social, justamente ele, tão crucial, ou pelo menos retoricamente defendido como tal, em um processo importante como o complexo modelo brasileiro de contratualização, especialmente no formato das OSs. O recuo da legislação em relação ao controle social é preocupante, especialmente em um modelo institucionalmente tão dependente da participação e mobilização dos cidadãos.

No âmbito federal, as OSs foram criadas e regulamentadas pela Lei nº 9.637, de 15 de maio de 1998, que dispõe sobre a qualificação de entidades como OSs, a criação do Programa Nacional de Publicização, a extinção dos órgãos e entidades que menciona e a absorção de suas atividades por OSs. Vejamos, sucintamente, os principais aspectos contemplados no referido estatuto legal.

- Art. 1º – Atividades alvo: ensino, pesquisa científica, desenvolvimento tecnológico, meio ambiente, cultura e saúde.
- Art. 1º – o Poder Executivo poderá qualificar como Organização Social (...). Como vimos acima, todo o processo de criação das OSs se restringe ao Executivo, abolindo a interferência do Legislativo, como inicialmente previsto no Plano Diretor.
- Art. 2º – Poderão ser qualificadas, através de decreto, com a anuência do extinto Mare, pessoas jurídicas de direito privado sem fins lucrativos.
- Art. 3º – Para a qualificação, existe a necessidade de constituição de um

conselho de administração nos termos que dispuser o respectivo estatuto, com participação de usuários e membros do poder público. Composição: 20% a 40% de membros do poder público; 20% a 30% de representantes da sociedade civil; até 10%, no caso de associação civil, de membros eleitos entre os membros ou associados; 10% a 30% de membros eleitos pelos demais integrantes do conselho, entre pessoas de notória capacidade profissional e reconhecida idoneidade moral; até 10% de membros indicados ou eleitos na forma estabelecida pelo estatuto. Mandato de quatro anos, com a possibilidade de uma recondução.

- Art. 5º – É obrigatória a celebração do contrato de gestão, com a fixação de metas, prazos, indicadores de qualidade e produtividade.
- Art. 6º, §2º – Instalação de uma Comissão de Acompanhamento de Avaliação composta por especialistas de notória capacidade e adequada qualificação.
- Art. 11 – As OSs serão declaradas como entidades de interesse social e utilidade pública.
- Art. 12, *caput* – Às OSs poderão ser destinados recursos orçamentários e bens públicos necessários ao cumprimento do contrato de gestão.
- Art. 12, §1º – São assegurados às OSs os créditos previstos no orçamento e as respectivas liberações financeiras, de acordo com o cronograma de desembolso previsto no contrato de gestão. Na esfera federal, esse foi o grande objetivo não cumprido pela assinatura dos contratos de gestão, ou seja, essas entidades não ficaram livres dos contingenciamentos usuais na administração pública brasileira.
- Art. 14, *caput* – É facultada ao Poder Executivo a cessão especial de servidor para as OSs, com ônus para a origem. Instituto jurídico bastante controverso, uma vez que se trata da cessão de servidor público estatutário para entidades de direito privado.
- Art. 16 – Pelo não-atingimento das metas fixadas no contrato de gestão, a Organização Social, por solicitação do Poder Executivo, poderá ser desqualificada.
- Art. 17– Como estão dispensadas de observar a Lei nº 8.666/93, as OSs farão publicar, no prazo máximo de noventa dias, contado da assinatura do contrato de gestão, regulamento próprio contendo os procedimentos que adotará para a contratação de obras e serviços, bem como para compras com emprego de recursos provenientes do poder público.
- Art. 20 – Será criado, mediante decreto do Poder Executivo, o Programa Nacional de Publicização – PNP, com o objetivo de estabelecer diretrizes e critérios para a qualificação de OSs, a fim de assegurar a absorção de

atividades desenvolvidas por entidades ou órgãos públicos da União que atuem nas atividades referidas no art. 1º, por OSs, qualificadas na forma desta Lei, observadas as seguintes diretrizes: I – ênfase no atendimento do cidadão-cliente; II – ênfase nos resultados, qualitativos e quantitativos nos prazos pactuados; III – controle social das ações de forma transparente.

▶ No anexo da lei, são extintos o Laboratório Nacional de Luz Síncrotron (LNLS) e a Fundação Roquette Pinto, com a autorização para serem qualificadas a Associação Brasileira de Tecnologia de Luz Síncrotron (ABTLuS) e a Associação de Comunicação Educativa Roquette Pinto (Acerp). Essas foram as únicas OSs criadas através da aprovação de uma lei no Congresso Nacional. As demais OS foram criadas apenas através de um decreto presidencial, com evidente prejuízo para a publicidade, a efetividade e o controle social, entendidos como essenciais no modelo das OS, nos termos do Plano Diretor e da própria Lei nº 9.637.

No plano federal, é bastante restrita a experiência de transformação e criação de OSs, sendo apenas sete as instituições qualificadas, como mostra o quadro 1.

Quadro 1
Organizações sociais: plano federal

Organização social	Ministério supervisor	Decreto de criação
Associação Brasileira de Tecnologia Luz Síncrotron	Ministério da Ciência e Tecnologia (MCT)	Autorizada pela própria Lei nº 9.637. Decreto nº 2.405, de 26-11-1997
Instituto de Desenvolvimento Sustentável Mamirauá	Ministério da Ciência e Tecnologia	Decreto de 7-7-1999
Associação Instituto Nacional de Matemática Pura e Aplicada	Ministério da Ciência e Tecnologia	Decreto nº 3.605, de 20-9-2000
Associação Rede Nacional de Ensino e Pesquisa	Ministério da Ciência e Tecnologia	Decreto nº 4.077, de 9-1-2002
Centro de Gestão e Estudos Estratégicos	Ministério da Ciência e Tecnologia	Decreto nº 4.078, de 9-1-2002
Associação de Comunicação Educativa Roquete Pinto	Inicialmente ficou sob responsabilidade da Secretaria de Comunicação da Presidência da República.	Autorizada pela própria Lei nº 9.637. Decreto não-disponível
Associação Brasileira para o Uso Sustentável da Biodiversidade da Amazônia	Ministério do Meio Ambiente (MMA)*	Decreto de 18-3-1999

* A Bioamazônia, depois de uma série de dificuldades, por solicitação do MMA, está sendo desqualificada como OS.

De acordo com o relato apresentado pela auditora Maria do Perpétuo Socorro, do TCU, no seminário Contratualização de Desempenho Institucional na Administração Pública, realizado em Brasília em 7 e 8 de dezembro de 2004, no caso específico da Bioamazônia houve um conjunto de equívocos. É pedagógica a experiência da Bioamazônia no sentido de evidenciar tudo o que deve ser evitado em um processo de contratualização:

- falta de autonomia e *expertise* da CAA;
- falta de recursos humanos e infra-estrutura para o funcionamento da OS;
- dimensionamento inadequado das metas e do contrato;
- conflito institucional e político entre o MMA e a Bioamazônia;
- forte contingenciamento do orçamento da OS, entre outros problemas que levaram o MMA a pedir a desqualificação da Bioamazônia.

Um pequeno, mas relevante, detalhe referente à disponibilização e ao acesso às informações relativas às OSs deve ser mencionado, tendo em vista certa dificuldade de se encontrarem dados gerenciais e organizados sobre as entidades qualificadas. Como as páginas na internet das entidades qualificadas como OSs são muito diferenciadas, com níveis variados de acessibilidade, qualidade da informação e complexidade, alguns dados importantes sobre o processo de contratualização não estão disponíveis em várias instituições. Naturalmente, essa deficiência implica opacidade e falta de transparência, comprometendo o controle social, entendido como de fundamental importância em um processo de contratualização que envolve flexibilização de regras administrativas.

A provável explicação para o fato de o MCT ter qualificado a maior parte das OSs (cinco das sete qualificadas são vinculadas ao MCT) está relacionada com dois aspectos fundamentais:

- as instituições de pesquisa constituem um dos alvos principais do programa de contratualização de desempenho, observando que todas as OSs criadas no MCT eram centros de pesquisas;
- a própria trajetória pessoal do ministro Bresser-Pereira, que idealizou o projeto no Mare e, com a sua extinção, tornou-se ministro do MCT, naturalmente contribuindo para impulsionar a experiência de criação de OSs nesse ministério.

Quanto ao aumento das flexibilidades, conjuntamente com a possibilidade de livre remuneração, contratação e demissão de pessoal, é também considerado importante para o modelo das OSs o dispositivo que permite que a administração pública as contrate sem a necessidade de fazer licitação. A matéria está prevista na lei geral de compras, a Lei nº 8.666, de 21 de junho de 1993. Vejamos, literalmente, a redação do inciso XXIV do art. 24, que trata das dispensas de licitação, que se torna dispensável:

> XXIV – *para a celebração de contratos de prestação de serviços com as OSs*, qualificadas no âmbito das respectivas esferas de governo, para atividades contempladas no contrato de gestão (Redação dada pela Lei nº 9.648, de 27 de maio de 1998).

Como prevê o art. 17 da Lei nº 9.637, de 15 de maio de 1998, as OSs devem instituir regulamentos próprios para disciplinar suas compras. Como exemplo de como essa legislação pode assumir uma feição muito frouxa, podemos citar o Regulamento de Contratação, Compra e Alienação, publicado no *Diário Oficial da União* de 16 de março de 1998, seção 3, página 78, que disciplina as aquisições da ABTLuS. No capítulo III do regulamento, que trata da seleção de fornecedores, são estipuladas apenas duas modalidades: coleta de preços (para valores iguais ou acima de R$ 10 mil) e pedido de cotação (para valores abaixo de R$ 10 mil).

Até mesmo pela extensão do regulamento, extremamente pequeno e enxuto, observamos que praticamente não existe um procedimento bem claro e detalhado para as aquisições, o que dificulta significativamente a tarefa de controle, tanto do controle externo quando do social, tão importante para o modelo institucional e gerencial das OSs.

Uma idéia interessante que poderia ser, pelo menos em parte, adotada pela Lei nº 8.666/93 é a correção dos valores de dispensa de licitação para a administração pública, que desde a Lei nº 9.648, de 27 de maio de 1998, não sofreu nenhum tipo de reajuste. Pois bem, o regulamento da ABTLuS, em seu capítulo III, item 3, prevê que os valores estipulados para coleta de preços e pedido de cotação serão mensalmente reajustados pela variação do Índice Geral de Preços do Mercado (IGPM).

Naturalmente, uma variação mensal dos valores de dispensa de licitação seria inviável para uma lei geral de licitações, que deve ser observada por municípios, estados e União. A correção mensal seria inviável até pelos possíveis problemas em sua operacionalização, inclusive trazendo dificuldades adicionais para o trabalho dos órgãos de controle. No entanto o estabelecimento de um mecanismo mais estável de correção desses valores poderia ser experimentado com sucesso na administração pública brasileira.

Especificamente com relação às flexibilidades dos procedimentos de compras característicos do modelo das OSs, duas observações importantes parecem-me oportunas:

- os regimentos próprios de aquisições, de tão simplificados e mal elaborados, podem, sim, significar importante atalho para administradores públicos inescrupulosos, potencializando a corrupção nos procedimentos de compras com recursos governamentais;
- a dispensa de licitação na contratação de OSs soa muito mais como liberalidade do que flexibilização, uma vez que não existe motivo plausível e justificável para sustentar essa inovação na Lei nº 8.666/93. Assim, diante de uma legislação de compras excessivamente flexível, é possível que a autonomia gerencial acarrete ou potencialize o incremento da corrupção, colocando o modelo de OSs diante de uma encruzilhada difícil: até quando vale a pena investir na flexibilização sabendo que esse processo pode acarretar a multiplicação das armadilhas da corrupção? Esse dilema é especialmente cruel em uma sociedade pouco mobilizada e organizada como a brasileira, marcada profundamente por uma cultura patrimonialista que tanto espolia o Estado em favor de pequenos grupos institucionalmente mais articulados.

Outro conjunto de problemas está relacionado com os contingenciamentos orçamentários. A Lei nº 9.637, de 15 de maio de 1998, em relação à liberação de recursos orçamentários, é contundente em seu art. 12, §1º:

> São assegurados às OSs os créditos previstos no orçamento e as respectivas liberações financeiras, de acordo com o cronograma de desembolso previsto no contrato de gestão.

Não obstante determinação legal expressa, o fato é que as OSs não se livraram dos contingenciamentos orçamentários, prática consagrada da administração pública brasileira, dificultando que se atinjam as metas estipuladas nos contratos de gestão. Dessa forma, do ponto de vista específico dos cortes orçamentários, o modelo das OSs não significou nenhum acréscimo ou diferencial gerencial em relação ao restante da administração pública brasileira. Esse fato aponta para uma importante falha na implantação do modelo, que fica desacreditado na Esplanada dos Ministérios, haja vista a impossibilidade de assegurar uma das maiores vantagens gerenciais destacadas como importante diferencial inerente ao modelo brasileiro de contratualização.

Além das dificuldades já apontadas acerca dos problemas que envolvem o processo de contratualização, vários outros elementos que dificultaram ou mesmo inviabilizaram a implantação bem-sucedida das OSs no plano federal devem ser mencionados. Alguns merecem destaque:

- a interposição, pelos partidos de oposição, de uma Ação Direta de Inconstitucionalidade (Adin) contra a natureza jurídica das OSs, arrefecendo os ânimos e trazendo insegurança para os atores que estavam envolvidos no processo de criação dessas instituições;
- por causa do sucesso, da rapidez, da flexibilidade e do bom gerenciamento pela comunidade solidária, as Oscips, em grande medida, ocuparam um espaço que anteriormente foi pensado para as OSs;
- as indefinições do modelo trouxeram insegurança. O exemplo do repasse de verbas é crucial: como ele exatamente se dará? Essas verbas realmente estarão sujeitas aos contingenciamentos usuais da administração pública? A execução orçamentária será realizada pelo Sistema Integrado de Administração Financeira do Governo Federal (Siafi)? Como estará sujeita ao controle interno e externo?;
- a falta de uma estrutura clara de incentivos não atraiu os dirigentes públicos, que nunca souberam precisamente quais as reais vantagens do modelo de OSs, preferindo não enfrentar as resistências e inseguranças internas que essas transformações geralmente despertam. Com bons subsídios jurídicos, a Adin proposta pela oposição questiona a legalidade do processo de contratualização, alegando que a criação de OSs representa uma privatização disfarçada, visando a redução do tamanho do Estado.

Nesse mesmo diapasão, importantes juristas que pesquisam na área do direito administrativo apresentam consideráveis restrições ao modelo adotado no plano federal. Entre as vozes mais respeitadas e contundentes, podemos destacar a posição de Di Pietro (2005:432):

> No livro *Parcerias na Administração Pública*, destacamos o conteúdo de imoralidade contido na lei, os riscos para o patrimônio público e para os direitos do cidadão. Em primeiro lugar, porque fica muito nítida a intenção do legislador de instituir um mecanismo de fuga ao regime jurídico de direito público a que se submete a Administração Pública. O fato de a organização social absorver atividade exercida por ente estatal e utilizar o patrimônio público e os servidores públicos antes a serviço desse mesmo ente, que resulta extinto, não deixa dúvidas de que, sob a roupagem de entidade privada, o real objetivo é o de mascarar uma situação que, sob todos os

aspectos, estaria sujeita ao direito público. É a mesma atividade que vai ser exercida pelos mesmos servidores públicos e com utilização do mesmo patrimônio.

A lei de criação das OSs explicitamente fala da necessidade de qualificação das CAAs, que deverão ser compostas por especialistas de notória capacidade e adequada qualificação (de acordo com a redação do art. 8º, §2º, da Lei nº 9.637). Claramente, como apontamos anteriormente, encontramos gargalos e dificuldades nesse aspecto específico do processo de contratualização. A qualidade técnica dos servidores que deverão compor as CAAs é de vital importância para o sucesso de um contrato de gestão. Além da qualificação, os servidores também precisam de uma estrutura administrativa compatível com essas novas responsabilidades, que não devem ser entendidas apenas como mais uma função a ser desempenhada entre outras que rotineiramente o servidor já executa.

O processo de criação das OSs também requer uma atenta reflexão do papel e da atuação dos órgãos de controle, tanto internos quanto externos. Nas auditorias de gestão, realizadas pelo controle interno e depois homologadas ou não pelo TCU, as instituições desenvolvem um trabalho técnico complexo. Com a criação das OSs, o trabalho dos auditores foi significativamente aumentado, uma vez que, além dos procedimentos usuais, agora também existe a necessidade de analisar outra peça crucial: o contrato de gestão. Acontece que os órgãos de controle não têm tido capacidade operacional para realizar esse trabalho com a atenção que ele merece por falta de servidores, de estrutura administrativa, escassez de recursos orçamentários, entre outros gargalos usuais da administração pública brasileira.

Por esses motivos, o controle dos contratos de gestão, que deveria tornar-se o foco dos trabalhos de auditorias dos órgãos de controle, não é realizado com o rigor, a perícia e a tempestividade necessários, acarretando perdas enormes quanto ao controle e ao acompanhamento das instituições que se transformaram em OSs. Dessa forma, uma oportunidade de aprendizado importante para desenvolver e aperfeiçoar as experiências de contratualização não está sendo aproveitada, acarretando e potencializando insegurança quanto ao avanço e multiplicação das OSs, que atualmente prescindem desse importante mecanismo de autocorreção.

Buscando fazer uma avaliação da implantação do modelo das OSs no plano federal, faremos adiante algumas considerações acerca das dificuldades que a experiência de contratualização de desempenho tem enfrentado. Inicialmente cabe destacar que, depois do início do governo do presidente Lula, não houve mais a criação de nenhuma OS, demonstrando que a nova coligação política vencedora no plano federal não emprestou apoio político e administrativo suficiente para que essa nova experiência gerencial prosperasse.

O Partido dos Trabalhadores (PT), agremiação política hegemônica no governo Lula, era contrário à criação de OSs, inclusive avalizando a Adin interposta junto ao Supremo Tribunal Federal (STF). Assim, como esperado, com a posse do novo governo o processo de qualificação de OSs foi interrompido, passando por forte descontinuidade, fantasma comum que ronda a administração pública brasileira.

O abandono relativo do processo de contratualização já era observado no segundo mandato do presidente Fernando Henrique. Rapidamente essa inversão de prioridades pode ser verificada por um conjunto de decisões:

- em janeiro 1999 houve a extinção do Mare, principal patrocinador do modelo, que em certa medida ficou órfão na Esplanada dos Ministérios;
- não houve uma coordenação adequada do modelo, que efetivamente não recebeu a atenção que um projeto dessa natureza requer;
- praticamente toda a proposta de reforma administrativa foi-se esvaindo no segundo mandato de FHC, que concentrou todo o apoio político, gerencial e administrativo no sentido de consolidar o ajuste fiscal e as reformas macroeconômicas.

Existe uma travessia difícil de realizar que não foi equacionada no projeto das OSs: estou-me referindo à questão do financiamento das entidades qualificadas. Pela legislação aprovada, não existe garantias de que as OSs serão obrigatoriamente financiadas pelo Tesouro Nacional depois da assinatura dos contratos de gestão, mesmo cumprindo rigorosamente as cláusulas pactuadas. Naturalmente, se o repasse de verbas não é vinculado pela lei, ele se torna voluntário, trazendo uma insegurança enorme quanto a sua continuidade. É de amplo conhecimento entre os especialistas que as transferências voluntárias estão excessivamente sujeitas às intempéries e reviravoltas políticas, acarretando muita incerteza na administração pública brasileira, que deve prezar entre os seus mais importantes requisitos o princípio da continuidade.

Essa armadilha não foi adequadamente desarmada no modelo das OSs, impedindo, por trazer insegurança aos gestores públicos, o crescimento e o aperfeiçoamento dos contratos de gestão. Por outro lado, na área social, a garantia de continuidade dos repasses de recursos públicos é de fundamental importância, não podendo se prender ao cumprimento de metas pactuadas através de contratos de gestão. Em uma situação limite, uma população carente de serviços gratuitos na área de saúde, por exemplo, deixaria de ser atendida porque os gestores de determinada OS não conseguiram atingir as metas pactuadas. Claramente existe um problema grave na estrutura principal dessa formatação de políticas públicas, comprometendo seriamente o modelo das OSs.

É em função de problemas dessa magnitude que acredito que a experiência federal não prosperou na área social, uma vez que nenhuma das sete entidades qualificadas como OSs atua nessa área, inicialmente eleita como um dos alvos principais desse novo modelo de gestão. A grande maioria das OSs qualificadas está voltada para a área de pesquisa científica, evidentemente menos sensível para a sociedade que a prestação de serviços nas áreas de saúde, educação ou assistência social.

Um outro problema considerável levantado adiante com relação às Oscips se repete também no modelo das OSs. A legislação não determina nenhuma forma criteriosa e objetiva para a escolha das entidades que serão qualificadas e que receberão recursos do orçamento público, representando o processo de escolha um ato discricionário do dirigente máximo do ministério repassador. Dessa forma, pela ausência de critérios técnicos e profissionais, nada garante que o repasse de recursos não demandará reforço das práticas paternalistas que imperam no Estado brasileiro, principalmente pelo fato de as OSs estarem fora do marco legal que organiza e estrutura a administração pública. Essa possibilidade pode ser perniciosa, posto que favorece o domínio absoluto das práticas patrimonialistas conhecidas da administração pública brasileira. Assim, a corrupção, o apadrinhamento, o *rent seeking*, o clientelismo e as nomeações estritamente políticas não encontram na legislação nenhum freio ou contrapeso, a não ser o frágil e incipiente controle social.

Como já apontado, a simples existência dos conselhos de administração, com a participação da sociedade civil organizada, não é suficiente para garantir a *accountability* que o modelo das OSs requer. Como facilmente podemos observar pela operação e pelo funcionamento dos conselhos de políticas públicas pelos vários níveis da administração pública brasileira, ainda é muito incipiente e pequena a contribuição efetiva que esses conselhos paritários podem oferecer no aprimoramento e controle de políticas públicas. Enfim, constato que há uma aposta excessivamente ingênua na capacidade de controle social exercida pelos conselhos de administração das OSs. Apontando exatamente nessa direção, Barreto (1999) coloca o problema nos seguintes termos:

> A questão que se coloca, portanto, é a seguinte: como esse modelo pode contribuir para a redução progressiva do atual divórcio que se estabelece entre o Estado e a sociedade brasileira? A simples transformação de entidades estatais em OSs não garante resposta adequada a essa pergunta.

Outro problema que pode surgir com facilidade é a manipulação política dessas entidades, uma vez que o setor público tem predominância nos conselhos de administração. Como é de amplo conhecimento, as indicações para os cargos públicos de direção no Brasil são excessivamente politizadas, desconsiderando galhardamente aspectos meritocráticos, técnicos, administrativos e gerenciais. Diante dessa constatação objetiva e histórica, por que supor que na indicação dos membros representantes do setor público no conselho de administração das OSs será diferente? O que de fato mudou na sociedade brasileira ou na cultura da administração pública nas últimas décadas que subsidie uma aposta de alto risco como essa? O problema é grave especialmente quando considerarmos que estamos diante de situações não alcançadas pelas regras tradicionais da administração pública.

Especificamente no quesito da eficiência, fica extremamente difícil atribuir ao processo de contratualização eventuais ganhos ou perdas de desempenho institucional. Não conheço nenhum trabalho nesse sentido; de qualquer forma, a tarefa de estabelecer critérios técnicos, objetivos, confiáveis e profissionais para aferição de desempenho institucional em função de um contrato de gestão é muito árdua. Infelizmente, sem um trabalho mais detalhado nesse sentido, nem mesmo as ferramentas necessárias para averiguar o sucesso ou o fracasso dessa experiência teremos desenvolvido, restando a administração pública sem critérios objetivos para fazer um balanço dessas experiências de contratualização.

Como dito anteriormente, para desenvolver essas ferramentas seria necessário um trabalho de amplo escopo e profundidade por parte das CAAs. No entanto, no horizonte que se vislumbra atualmente, o trabalho delas é esparso, superficial e burocrático, não consistindo efetivamente numa ferramenta de avaliação e aperfeiçoamento do processo de contratualização em geral, e na criação de OSs em particular. Têm faltado autonomia política, qualificação técnica, disponibilidade de tempo, estrutura administrativa e operacional para que as CAAs desenvolvam um trabalho compatível com as responsabilidades e a importância que um processo de contratualização de desempenho necessariamente exige.

Nos aspectos específicos quanto à qualificação das CAAs e ao desenvolvimento de ferramentas necessárias para a aferição dos contratos de gestão, as deficiências apontadas refletem um problema maior de coordenação e acompanhamento de todo o processo de contratualização por parte do extinto Mare, atualmente a cargo da Secretaria de Gestão do Ministério do Planejamento, Orçamento e Gestão.

Outro conjunto de problemas relacionado ao modelo das OSs está em sintonia com o diagnóstico equivocado de falência irrecuperável do Estado, como bem descrito pela passagem citada do texto de Maria Inês Barreto (1999). Assim, não desconhecendo as dificuldades encontradas pela administração pública brasileira, a experiência recente observável com o pregão, trabalhada no início do livro, demonstra que a melhor e mais eficiente maneira de aprimorar o gasto público é aperfeiçoar o marco legal existente, ao invés de procurar brechas para não o aplicar. Não me parece postura adequada buscar alternativas às atuais regras da administração pública brasileira, especialmente quando esse esforço implica abandonar a tarefa árdua e diuturna de lutar pelo aperfeiçoamento do atual conjunto de leis que rege a atuação do Estado.

Enfim, espero ter inventariado as principais características, problemas e deficiências observáveis no processo de criação das OSs, trazendo algum subsídio para o aprimoramento da experiência federal, além de apontar alternativas a serem buscadas e armadilhas que podem ser evitadas pelas incipientes experiências estaduais e municipais.

CAPÍTULO V Oscips federais

No Plano Diretor (1995) não há nenhuma menção explícita à criação de Oscips, o que demonstra que o presidente Fernando Henrique, pelo menos quando assumiu a presidência, não tinha nenhum projeto específico nessa área. De qualquer maneira, dentro de uma percepção subjacente no Plano Diretor de que o Estado deve atuar através de redes e em parceria, com ampla penetração e ramificação na sociedade civil organizada, o governo FHC faz um esforço no sentido de institucionalizar uma ação conjunta do Estado com o assim chamado setor público não-estatal. A idéia principal é compartilhar a prestação de serviços não-exclusivos em parceria com o terceiro setor, que supostamente teria condições institucionais, capilaridade, capacidade burocrática e formas de atuação mais flexíveis que a administração pública.

Dessa forma, a administração pública brasileira passaria a atuar em parceria com uma vasta quantidade de instituições do terceiro setor, devidamente qualificadas pelo Ministério da Justiça. Nesse momento, seria necessário fazer uma pequena reparação conceitual, que tem gerado alguns mal-entendidos. Em princípio, nem toda organização não-governamental (ONG) seria uma Oscip, uma vez que essa titulação só seria alcançada pelas instituições assim qualificadas pelo Ministério da Justiça.

Assim, nem toda ONG constitui uma Oscip, mas toda Oscip pode perfeitamente ser entendida como uma instituição do terceiro setor, ou seja, uma organização não-governamental. Por fim, ressalte-se ainda que as ONGs não têm existência legal no ordenamento jurídico brasileiro, ao contrário das Oscips, devidamente regulamentadas por lei. Acontece que o terceiro setor é extremamente numeroso, vasto e heterogêneo no Brasil e no mundo, incluindo, por definição, todas as instituições que não fazem parte do primeiro setor, Estado, nem integram o segundo, o mercado.

No governo Fernando Henrique, a coordenação do projeto de relacionamento com as Oscips e o esforço de aproximação do Estado com o terceiro setor ficou sob a responsabilidade do Conselho da Comunidade Solidária, comandado pela socióloga Ruth Cardoso, esposa do presidente da República. O conselho foi instituído pelo Decreto nº 2.999, de 25 de março de 1999. Foi exatamente sob a inspiração do Conselho da Comunidade Solidária que se desenvolveu o marco legal regulamentando e institucionalizando o relacionamento da administração pública federal com o terceiro setor.

Uma inovação da legislação muito defendida pelos fautores desse modelo seria o termo de parceria, que representaria uma forma mais ágil e menos burocrática de realizar a transferência de recursos do Estado para as Oscips. O entendimento comum seria que o convênio, instrumento por excelência para efetuar as transferências voluntárias no âmbito da administração pública federal, representaria uma legislação bastante amarrada, pouco flexível e morosa, principalmente em relação aos procedimentos de prestação de contas.

Apesar de uma aproximação conceitual e jurídica com as OSs, as Oscips não se confundem com essas, especialmente quanto à forma de financiamento e ao espectro das atividades. Regra geral, as OSs são financiadas através de dotações orçamentárias constantes no orçamento da União, ao passo que os repasses para as Oscips são realizados de maneira mais esporádica através dos termos de parceria. Quanto à forma de atuação, Di Pietro (2005:436) vai direto ao ponto:

> Trata-se, no caso, de real atividade de fomento, ou seja, de incentivo à iniciativa privada de interesse público. O Estado não está abrindo mão de serviço público (tal como ocorre na organização social) para transferi-lo à iniciativa privada, mas fazendo parceria, ajudando, cooperando com entidades privadas que, observados os requisitos legais, se disponham a exercer as atividades indicadas no artigo 3º, por se tratar de atividades que, mesmo sem a natureza de serviços públicos, atendem necessidades coletivas.

Como podemos constatar, as dificuldades jurídicas enfrentadas pelas OSs quanto a sua constitucionalidade não se reproduzem na formatação do modelo das Oscips. Exatamente por ter um marco legal bem definido, com formas de atuação claramente delimitadas que não sofreram questionamentos jurídicos mais veementes, a implantação de um novo relacionamento da sociedade com o Estado através do terceiro setor vem se consolidando no âmbito da administração pública brasileira. Ao longo dos anos cresce o número de qualificações e termos de parceria assinados. Para efeito de comparação, ressaltamos que em julho de 2002, pelos dados do Ministério da Justiça, havia 563 entidades qualificadas. Já em julho de 2005, o mesmo ministério acusava a qualificação de 3.010 Oscips atuando nas mais diversas áreas.

Esses dados comprovam a vitalidade do terceiro setor no Brasil, indicando que realmente o Estado não está sozinho em várias áreas cruciais de atuação como saúde, assistência social, educação gratuita, meio ambiente, entre outras não menos importantes. Assim, é natural que unam esforços e compartilhem várias políticas públicas, atuando Estado e sociedade com objetivos complementares.

No entanto, apesar da racionalidade da ação conjunta, alguns aspectos devem ser trabalhados no sentido de organizar e tornar a parceria realmente efetiva e produtiva, sob o risco de se perder uma excelente oportunidade para remodelar a formatação das políticas públicas brasileiras. Atualmente não se cogita do monopólio do Estado na prestação de serviços não-exclusivos, mas o papel do Estado ainda é predominante na definição, na elaboração, no financiamento e no controle de políticas públicas, daí a necessidade de se estabelecer uma parceria sob bases sólidas, democráticas e transparentes. Só dessa maneira o modelo previsto pela lei das Oscips poderá produzir os melhores frutos, trabalhando no sentido de criar uma sociedade mais igualitária e solidária.

Nesse sentido, buscando a institucionalização de uma ação governamental através do setor público não-estatal, a Lei nº 9.790, de 23 de março de 1999, instituiu, no âmbito federal, as Oscips e o termo de parceria. Para melhor entendimento da matéria, vejamos algumas peculiaridades do regramento legal aprovado pelo Congresso Nacional.

- Art. 1º – Podem se qualificar pessoas jurídicas de *direito privado* sem fins lucrativos que não distribuam dividendos ou lucros.
- Art. 1º, §2º – A outorga da qualificação prevista neste artigo é ato vinculado ao cumprimento dos requisitos instituídos por esta lei. Ao contrário, cabe observar que a assinatura do termo de parceria é ato discricionário do dirigente máximo do órgão repassador.
- Art. 3º – Poderão ser qualificadas entidades que desempenham pelo menos uma das seguintes atividades: assistência social; promoção da cultura, do patrimônio histórico e artístico; educação gratuita; promoção gratuita da saúde; segurança alimentar; meio ambiente; trabalho voluntário; combate à pobreza; experimentação, não-lucrativa, de novos modelos socioprodutivos e de sistemas alternativos de produção, comércio, emprego e crédito; promoção de direitos estabelecidos, construção de novos direitos e assessoria jurídica gratuita de interesse suplementar; promoção da ética, da paz, da cidadania, dos direitos humanos, da democracia e de outros valores universais; estudos e pesquisas, desenvol-

vimento de tecnologias alternativas, produção e divulgação de informações e conhecimentos técnicos e científicos que digam respeito às atividades mencionadas neste artigo. Como facilmente podemos constatar, a abrangência das atividades é enorme, abarcando a quase totalidade do assim chamado terceiro setor.

- Art. 4º, inciso VI – Possibilidade de se instituir remuneração para os dirigentes da entidade que atuem efetivamente na gestão executiva e para aqueles que a ela prestam serviços específicos, respeitados, em ambos os casos, os valores praticados pelo mercado, na região correspondente a sua área de atuação. Aqui a legislação saiu mais adequada que a lei das OSs, uma vez que restringe o pagamento de diretores aos limites praticados pelo mercado local, apesar das dificuldades que ainda assim possam surgir no estabelecimento desses limites.
- Art. 4º, inciso VII, letra *b* – Que se dê publicidade *por qualquer meio eficaz*, no encerramento do exercício fiscal, ao relatório de atividades e das demonstrações financeiras da entidade, incluindo-se as certidões negativas de débitos junto ao Instituto Nacional de Seguro Social (INSS) e ao Fundo de Garantia do Tempo de Serviço (FGTS), colocando-os à disposição para exame de qualquer cidadão. Entendo que a legislação poderia ser mais clara e exigente ao determinar a obrigatoriedade de publicação dos documentos em uma página da internet, por exemplo. Lembrando que afixar os relatórios atrás da porta de entrada da entidade pode ser considerado meio eficaz. Por tratar-se de recursos públicos, não vejo razão para o afrouxamento do princípio da publicidade, crucial para o adequado controle social que se pretende.
- Art. 5º – O órgão qualificador é o Ministério da Justiça, que terá 30 dias para deferir ou não o pedido. Ressalte-se que a qualificação é ato vinculado e, uma vez cumpridas as exigências burocráticas, o órgão responsável é obrigado a titular a entidade como Oscip.
- Art. 8º – Vedado o anonimato, e desde que amparado por fundadas evidências de erro ou fraude, qualquer cidadão, respeitadas as prerrogativas do MP, é parte legítima para requerer, judicial ou administrativamente, a perda da qualificação instituída por esta lei. Em sintonia com a CF/88, a legislação abre importantes possibilidades para o controle social.
- Art. 9º – Fica instituído o termo de parceria, destinado à formação de vínculo de cooperação entre o poder público e as Oscips. Supostamente, o termo de parceria seria mais ágil, flexível e menos burocrático que o

conhecido instrumento dos convênios. O Decreto nº 3.100, de 30 de junho de 1999, regulamenta a elaboração dos termos de parceria.

- Art. 10, §1º – A celebração do termo de parceria será precedida de consulta aos Conselhos de Políticas Públicas das áreas correspondentes de atuação existentes, nos respectivos níveis de governo. É a única parte da legislação que busca amenizar a discricionariedade do ato administrativo da escolha da Oscip. Não obstante as exigências deste parágrafo, são ainda muito vagos os requisitos para a definição da entidade escolhida para trabalhar com recursos públicos, que não necessariamente passa por uma avaliação criteriosa da capacidade técnica e administrativa por parte do órgão repassador.
- Art. 11, §1º – Os resultados atingidos com a execução do termo de parceria devem ser analisados por comissão de avaliação, composta de comum acordo entre o órgão parceiro e a Oscip. Objetivamente, não vejo razão para um consenso entre o ente público repassador e a Oscip quanto à nomeação da comissão de avaliação. Naturalmente, deveria ser prerrogativa exclusiva do órgão repassador a definição dos critérios de acompanhamento e avaliação.
- Art. 14 – A organização parceira fará publicar, no prazo máximo de 30 dias, contando da assinatura do termo de parceria, regulamento próprio contendo os procedimentos que adotará para a contratação de obras e serviços, bem como para compras com emprego de recursos provenientes do Poder Público, observados os princípios estabelecidos no inciso I do art. 4º desta lei.
- Art. 18 – Por dois anos, a entidade poderá acumular a qualificação de Oscip com a declaração de entidade de utilidade pública, instituída pelo Conselho Nacional de Assistência Social e a certificação de filantropia do INSS.

Como ressaltado, as Oscips tiveram a coordenação do Conselho da Comunidade Solidária, que no governo FHC buscou incentivar a parceria entre o Estado e o terceiro setor. Em todo o mundo, observamos um crescimento intenso do voluntariado e das ações do terceiro setor, o que se refletiu diretamente na sociedade brasileira, mudando, em parte, a relação da administração pública com o cidadão. Assim, desde a aprovação da lei, há um crescimento contínuo das organizações qualificadas. Até 29 de julho de 2005, a página do Ministério da Justiça na internet acusava a qualificação de 3.010 Oscips, demonstrando um elevado número de entidades qualificadas nas mais diversas áreas.

Agora, depois de explicitado o contexto de criação das Oscips e elencadas as principais características da legislação, seria necessário fazer uma avaliação crítica em relação às conseqüências mais importantes desse processo de criação institucional e redirecionamento da ação estatal no Brasil.

Em princípio, faremos algumas observações em relação aos regulamentos próprios de compras e aquisições, que me parecem importantes no sentido de demonstrar a seriedade e lisura da Oscip. É curioso que a legislação não os exigem na hora da qualificação, mas apenas 30 dias depois de assinado o termo de parceria. O problema evidente é que a Oscip provavelmente receberá recursos públicos sem ter elaborado o regulamento próprio, abrindo a possibilidade para que uma entidade desonesta fraude os cofres públicos. Nitidamente, houve na legislação uma inversão perversa e perigosa de procedimentos, o que deixa a administração pública refém da idoneidade dos dirigentes das Oscips.

Mais grave ainda é que a legislação apenas obriga a publicação do regulamento próprio, não havendo em nenhuma instância administrativa o crivo sobre a lisura, juridicidade, transparência e eficiência do gasto realizado com os recursos públicos. Nenhuma análise qualitativa dos regulamentos próprios está prevista na legislação, que apenas fala da publicação dos mesmos, que provavelmente acontecerá apenas depois de assinado o termo de parceria. Simplesmente uma entidade pode fazer publicar um regulamento que não esteja em sintonia com os princípios do inciso I do art. 4º da Lei nº 9.790/99, mais especificamente, a observância dos princípios de legalidade, impessoalidade, moralidade, publicidade, economicidade e eficiência. Decididamente, não existe fórum para a correta e tempestiva análise desses regulamentos, o que me parece uma falta gravíssima da legislação, que, ao buscar novas formas de atuação do Estado, pode pavimentar caminhos para a intensificação da corrupção e da ineficiência.

Ainda com relação aos regulamentos, outra preocupação relevante em relação às Oscips deve ser mencionada. Como já referido, de acordo com a lei, os regulamentos deverão ser implantados até 30 dias depois de assinado o termo de parceria (art. 14 da Lei nº 9.790, de 23 de março de 1999). Acontece que os regulamentos próprios representam um atalho perigoso e fácil para contornar a Lei nº 8.666/93, que trata das normas gerais das aquisições e contratos na administração pública brasileira. O fato é que os regulamentos próprios são excessivamente frouxos e deixam uma enorme lacuna para os gestores inescrupulosos. Os casos de malversação foram tantos que o governo federal procurou equacionar o problema através da publicação do Decreto nº 5.504, de 5 de agosto de 2005, que corretamente obriga OSs e Oscips a utilizarem a modalidade de pregão em suas aquisições. Retomaremos essa questão com mais detalhes na conclusão do livro, quando analisaremos o impacto da nova legislação de compras sobre as OSs e Oscips.

Naturalmente, tendo em vista as dificuldades orçamentárias da União, nem todas as 3.010 Oscips qualificadas pelo Ministério da Justiça receberam recursos do Tesouro Nacional através dos termos de parcerias. Assim, surge um outro problema da maior importância: como definir e escolher as entidades que serão financiadas com recursos públicos? Quais critérios serão utilizados para a escolha? Desempenho institucional? Definido a partir de quais mecanismos? Capilaridade? Capacidade técnica do quadro de funcionários ou dos dirigentes?

Ressalte-se que a lei de criação das Oscips é absolutamente silente sobre esses critérios, deixando uma margem grande de indefinição e portas abertas para o patrimonialismo. O problema surge exatamente porque a qualificação como Oscip é ato vinculado pela autoridade constituída do Ministério da Justiça, ao passo que a assinatura do termo de parceria e o conseqüente repasse de recursos de verbas públicas são atos discricionários do dirigente máximo do órgão repassador. Importante ainda ressaltar que o art. 23 do Decreto nº 3.100, de 30 de julho de 1999, estabelece que poderá haver um concurso de projetos quando houver mais de uma entidade com capacidade para realizar determinada política pública. Acontece que a legislação é apenas facultativa, não resultando em nenhuma obrigatoriedade em se realizar o concurso de projetos. É preciso salientar que o referido decreto também estabelece alguns critérios para a realização da escolha, mas deixa ainda grande margem de discricionariedade ao gestor.

Como não há previsão legal para a definição dos critérios de repasses de recursos, e conhecendo o funcionamento e a tradição patrimonialista da administração pública brasileira, entendo que o modelo das Oscips ficou extremamente vulnerável por essa omissão. Naturalmente, a minha preocupação dá-se no sentido de ressaltar que a administração pública, mais uma vez, pode ficar refém de práticas clientelistas. O temor é que as escolhas acabem recaindo sobre entidades que possuam em seu quadro de dirigentes funcionários com relações políticas, pessoais ou institucionais com a administração pública e, mais especificamente, com o órgão repassador. Assim, pelas flexibilidades que o repasse de recursos através dos **termos de parceria** representa, constituindo ato discricionário por parte do gestor público, existe a possibilidade de utilização não-profissional e ineficiente de boa parte dos recursos públicos repassados para as Oscips.

Na legislação mineira das Oscips também existe a previsão legal que institui um concurso de projetos a serem financiados quando houver mais de uma entidade habilitada. Infelizmente a lei apenas diz que poderá haver o concurso de projetos, não estabelecendo a obrigatoriedade de haver processo seletivo para as escolhas das entidades agraciadas, como entendemos que deveria acontecer.[20] Nesse aspecto específico, não vejo outra saída para resolver o impasse senão adotar algum mecanismo mais objetivo e profissional para a escolha das entidades que receberão verbas públicas. Provavelmente, mesmo alguma modalidade de licitação, com pequenas alterações, poderia ser utilizada para solucionar de maneira definitiva esse enorme problema que paira sobre os termos de parceria.

Decididamente, as restrições contidas no art. 10, §1º, dizendo que a celebração do termo de parceria será precedida de consulta aos Conselhos de Políticas Públicas das áreas correspondentes de atuação existentes, nos respectivos níveis de governo, não são suficientes para garantir transparência e eficiência ao gasto público. Para cumprir com esses objetivos de lisura a lei teria que estabelecer critérios objetivos e técnicos para a definição das entidades que receberão recursos públicos, fechando janelas pelas quais a corrupção poderia contaminar o modelo de relacionamento do Estado com o terceiro setor no Brasil.

Na legislação federal não existe restrição quanto ao tempo de funcionamento para qualificação de uma Oscip, o que pode permitir que uma entidade seja criada e qualificada apenas visando obter recursos públicos através do termo de parceria. O grande problema que se apresenta é o risco de transferir volumosos e escassos recursos públicos para entidades com pouca ou nenhuma capacidade técnica, administrativa e profissional, sem tradição e expertise na atividade que se propõe a substituir ou complementar a ação do Estado. Na ausência de regras claras e objetivas, nada garante que as instituições melhores, mais técnicas, profissionais e transparentes serão contempladas com os recursos públicos, deixando um amplo espaço para os gestores públicos menos escrupulosos.

Em artigo lúcido, Abranches (2004) chama a atenção especificamente para esse aspecto quando se coloca em uma posição de desconfiança em relação às Oscips que dependem integralmente de recursos públicos, não apresentando nenhuma sustentabilidade econômica, administrativa ou financeira. Sem dúvida, não deixa de ser insensato custear instituições da sociedade civil, constituídas fora do Estado e que não obedecem às regras que regem a administração pública, mas que no entanto só têm o poder público como fonte de recursos e custeio de suas atividades.

---

[20] Apesar da previsão legal, até março de 2006 não houve nenhum caso de concurso de projetos na experiência do estado de Minas Gerais.

Outro ponto polêmico em relação às Oscips diz respeito à remuneração de seus dirigentes, prevista no art. 4º, inciso VI, da Lei nº 9.790, que faz referência aos valores praticados pelo mercado na região correspondente e ainda na sua área de atuação. O problema é que a lei é vaga demais, abrindo possibilidade de remuneração muito elevada para os dirigentes, ou mesmo viabilizando uma distribuição disfarçada de lucros. Diante da histórica baixa remuneração dos servidores públicos, especialmente nos níveis municipal e estadual, não deixa de desmotivar e de ser incongruente repassar recursos para entidades que prestam o mesmo serviço que a administração pública, com a crucial diferença de que seus funcionários e dirigentes são exponencialmente mais bem remunerados que os servidores públicos.

Alguns pressupostos observáveis em boa parte da literatura que trata da ação estatal em parceria com o terceiro setor também devem ser considerados, uma vez que se refletem na própria legislação que regulamenta a qualificação das Oscips. Em alguma medida, a falta de critérios objetivos e profissionais na escolha das entidades que assinarão o termo de parceria pode ser entendida como um atestado de capacidade técnica das entidades do terceiro setor qualificadas como Oscips. Naturalmente existe um grande equívoco na legislação, que praticamente dispensa as entidades qualificadas de demonstrar sua capacidade técnica, profissional, gerencial, administrativa e operacional. Claramente, o que se pretende combater neste texto é a idéia vaga e imprecisa que campeia na literatura e na opinião pública em geral, inclusive no próprio Plano Diretor, de que o Estado não funciona e o terceiro setor é altamente eficiente, efetivo, profissional etc.

A administração pública brasileira enfrenta, sim, sérios problemas de desempenho, mas atestar a falência do Estado na implementação de políticas públicas, como implícito em muitas análises, parece-me uma temeridade. Por outro lado, e provavelmente mais importante, a capacidade técnica das entidades do terceiro setor não está dada; pelo contrário, a administração pública tem que ficar atenta para não repassar recursos para entidades com desempenho institucional mais que sofrível.

Com o tempo, sorrateiramente, foi-se construindo uma imagem de transparência e eficiência das entidades do terceiro setor, especialmente quando comparadas com a administração pública. Acontece que um olhar mais atento tem demonstrado inúmeros problemas gerenciais, técnicos e de malversação de recursos públicos por parte de Oscips que assinaram os termos de parceria e receberam recursos públicos. Há inúmeros casos de entidades que simplesmente não executaram as políticas exigidas de maneira profissional e tecnicamente apropriada, trazendo enormes prejuízos para a administração pública e para a população que supostamente deveria ser atendida de maneira eficiente.

Dessa maneira, não deixando de reconhecer a importância da atuação conjunta e complementar entre o Estado e o terceiro setor, que demonstrou possuir um potencial enorme para empreender, com sucesso, as mais variadas políticas de interesse coletivo, é preciso ficar atento para as deficiências mencionadas no modelo brasileiro das Oscips, ainda carente de aperfeiçoamentos e correções. É importante chamar a atenção para esse aspecto, especialmente tendo-se em vista as experiências estaduais, que estão ainda incipientes e tendem a incorporar em suas legislações alguns equívocos observados no nível federal.

CAPÍTULO VI Agências reguladoras

Este capítulo pretende realizar uma análise crítica da recente experiência brasileira das agências reguladoras. O valor de um trabalho como esse pode ser medido de várias formas: pela profunda transformação que o Estado brasileiro experimentou desde o princípio da década de 1990; pela inovação institucional representada pelo modelo das agências reguladoras no âmbito da administração pública brasileira; pela importância econômica das atividades reguladas para o capitalismo brasileiro ou, ainda, pelo intenso impacto que as atividades atualmente reguladas têm sobre a população brasileira.

Desde a criação da Aneel, em dezembro de 1996, já foram criadas nove agências reguladoras no Brasil, com profundo impacto sobre o capitalismo nacional, sobre a administração pública e, principalmente, sobre a sociedade. Dessa forma, torna-se extremamente importante empreender uma avaliação dessa experiência que, apesar de recente, tem enorme repercussão sobre a sociedade brasileira. A intenção deste livro é exatamente realizar uma análise crítica dessa experiência, buscando identificar sucessos, desafios, equívocos e potencialidades, sempre focando o aprimoramento da ação estatal, finalidade última e precípua da administração pública.

Três aspectos principais deveriam ser apontados como objetivos últimos de uma proposta de trabalho como esta:

- uma análise criteriosa do efetivo funcionamento do marco regulatório brasileiro pode subsidiar as decisões de investimentos dos capitalistas, que terão mais informações no momento da tomada de decisão;
- como a lei das agências reguladoras ainda não foi votada, este estudo pretende servir, dentro de suas limitações, de subsídio para as discussões que estão sendo travadas entre os especialistas, na mídia e, principalmente, no Congresso Nacional;

- como o Brasil se organiza politicamente na forma de uma federação, vários estados estão criando suas próprias agências reguladoras. Acredito que uma análise da experiência federal possa subsidiar positivamente as mais recentes experiências subnacionais, que poderão evitar os equívocos e potencializar os acertos encontrados na implantação do modelo no nível federal.

Pelo menos três processos intensos e cruciais que transformaram radicalmente o Estado brasileiro estão intimamente ligados:

- o programa de privatização;
- a criação das agências reguladoras;
- o processo de contratualização, que busca redefinir o modelo de atuação da administração pública, visando atingir níveis mais elevados de eficiência e efetividade.

O programa de privatização marca uma radical mudança quanto à atuação do Estado brasileiro, tradicional financiador, controlador e planejador do desenvolvimento do capitalismo nacional. Afastando-se de um modelo mais liberal de desenvolvimento do capitalismo, tão característico de países avançados como Estados Unidos e Inglaterra, a trajetória do capitalismo nacional esteve, durante décadas, intimamente ligada e dependente da atuação decisiva do Estado. Dessa maneira, o processo de privatização que detalharemos mais adiante marca uma forte ruptura com o modelo clássico de desenvolvimento do capitalismo nacional.

Paralelamente ao processo de privatização, surge a necessidade de se reordenar também o modo de atuação da administração pública. Em linhas gerais, seria possível afirmar que o processo de privatização impõe a tarefa de desenvolver uma nova estrutura institucional para o Estado, agora mais voltado para a regulação, a fiscalização e o controle das atividades econômicas. É precisamente nesse contexto que entra para a agenda nacional o desafio de criar e desenvolver as agências reguladoras, que imediatamente assumem papel estratégico no novo desenho institucional do Estado brasileiro.

O terceiro e menos difundido aspecto que caracteriza essa grande transformação do Estado que pretendemos analisar é o esforço de introduzir na administração pública a figura jurídica do contrato de gestão. Em alguma medida, os processos de criação das agências reguladoras e de contratualização no âmbito da administração pública são discutidos conjuntamente no mesmo contexto de criação de uma nova arquitetura institucional do Estado brasileiro.

Assim, a figura do contrato de gestão aparece com muita força e clareza nas leis de criação de várias agências reguladoras. Por outro lado, identificamos também uma forte ligação entre o processo de contratualização, a criação de agências reguladoras, agências autônomas, OSs e Oscips. De modo geral, todo esse processo é muito abrangente e foi tratado de maneira ampla e interligada pelo Plano Diretor, que introduz de maneira mais consistente a discussão sobre uma nova engenharia institucional para a administração pública brasileira.

No entanto, ao contrário das OSs e Oscips, as agências reguladoras brasileiras ainda não têm um marco legal específico, embora tramite há muito tempo no Congresso Nacional um projeto de lei procurando regulamentar a matéria.[21] Assim, o processo de criação das agências reguladoras tem sido marcado pela promulgação de leis específicas organizando determinados órgãos com atribuições bem definidas, especialmente nas áreas de defesa da concorrência e regulação do mercado. Mas, apesar da ausência de uma legislação específica, a experiência das agências reguladoras no Brasil deve ser considerada mais uma variante no processo de contratualização, haja vista que em parte significativa das leis de criação das agências existe uma menção explícita sobre a obrigatoriedade de celebração de contratos de gestão. Mais especificamente, como demonstrado na tabela 3, nas leis de criação de três das nove agências existe uma menção explícita em relação à obrigatoriedade da celebração dos contratos de gestão.

É importante destacar que, nas leis que criaram as agências mais recentes, não existe a obrigatoriedade da celebração de contrato de gestão, que não deixa de representar uma figura contraditória com o regime das autarquias de regime especial. Em alguma medida, as cláusulas do contrato de gestão poderiam representar uma quebra da autonomia garantida pelo *status* de autarquia de regime especial. Essa contradição é visível pela dificuldade de aplicação de punições usuais como a exoneração dos dirigentes que não cumpriram as cláusulas previstas no contrato de gestão. No art. 20 da lei de criação da Anvisa está previsto que "O descumprimento injustificado do contrato de gestão implicará a exoneração do Diretor-Presidente, pelo Presidente da República, mediante solicitação do Ministro de Estado da Saúde".

Dessa maneira, a assinatura de um contrato de gestão que não foi devidamente observado pode ser utilizada como plataforma para um processo de exo-

---

[21] A Lei nº 9.986, de 18 de julho de 2000, trata apenas do regime de contratação e do quadro de pessoal das agências.

neração, servindo como biombo para o afastamento de um dirigente de agência reguladora não desejado pelo Ministério da Saúde, por exemplo. De alguma forma, o contrato de gestão não deixa de implicar uma restrição a mais ao dirigente de uma agência reguladora, fortalecendo, naturalmente, a posição do ministro supervisor do contrato. É nesse sentido que sustentamos que a contratualização pode entrar em conflito com o instituto dos mandatos fixos, entre outros exemplos que poderiam ser buscados na difícil tarefa de equacionar a existência dos contratos de gestão em autarquias de regime especial.

No Plano Diretor da Reforma do Aparelho do Estado existem poucas e breves menções às agências autônomas. Posteriormente, as agências autônomas assumiriam dois formatos institucionais distintos: as agências executivas e as agências reguladoras. Especificamente em relação às agências reguladoras, na página 72 há menção às novas funções reguladoras a serem desempenhadas pelo Estado brasileiro:

> Por outro lado, dadas as novas funções, antes reguladoras que executoras: 1. Deve o Estado criar novas instituições? 2. Quais? A resposta a essas perguntas deverá ser a menos ideológica e a mais pragmática possível. O que interessa é obter um resultado ótimo, dados os recursos escassos.

Adiante, na página 73, é feito um esforço, nem tão bem-sucedido, no sentido de esclarecer as atribuições e o novo formato institucional das agências autônomas:

> A responsabilização por resultados e a conseqüente autonomia de gestão inspiraram a formulação deste projeto, que tem como objetivo a transformação de autarquias e de fundações que exerçam atividades do Estado em agências autônomas, com foco na modernização da gestão. O projeto das Agências Autônomas desenvolver-se-á em duas dimensões. Em primeiro lugar, serão elaborados os instrumentos legais necessários à viabilização das transformações pretendidas *e um levantamento visando superar os obstáculos na legislação, normas e regulações existentes*. Em paralelo, serão aplicadas as novas abordagens em algumas autarquias selecionadas, que se transformarão em laboratórios de experimentação.

Historicamente, o processo de criação das agências reguladoras é conseqüência direta da política de privatização que tomou lugar no Brasil da década de 1990 por inspiração do governo do presidente Fernando Collor de Mello. O Programa Nacional de Desestatização, Lei nº 8.031, de 12 de abril de 1990, representa uma virada importante na concepção do Estado brasileiro, que foi o grande controlador, patrocinador e coordenador do desenvolvimento do capitalismo nacional. Por décadas, pelo menos desde o primeiro governo Vargas, o Estado brasileiro financiou e criou as condições de desenvolvimento de uma burguesia nacional, com investimentos constantes e crescentes em várias áreas, especialmente na infra-estrutura, como transportes, telecomunicações, energia (petróleo e hidrelétricas) e indústrias estratégicas e fundamentais, como de cimento, aço etc.[22]

Na década de 1980, com a ascensão ao poder de Thatcher na Inglaterra (1979) e de Reagan nos Estados Unidos (1981), uma onda liberal entrou na agenda internacional, resgatando o papel do mercado e advogando pela retirada do Estado do plano econômico. O resultado mais visível desse contexto teórico é um intenso processo de privatização que, com maior ou menor intensidade, ocorre em boa parte dos países desenvolvidos.

No Brasil, historicamente marcado pela maciça presença do Estado como responsável por criar as condições de desenvolvimento do capitalismo nacional, o modelo de substituição de importações, com mercado fechado, câmbio controlado, incentivos fiscais às empresas nacionais e forte participação do setor público como produtor direto, começa entrar em crise na década de 1980. De alguma forma, já na Constituição de 1988, o esgotamento do modelo começa a ser traduzido em uma retirada estratégica do Estado do plano econômico, restando apenas as atividades de regulação e planejamento, processo que se intensificaria ao longo da década de 1990.

Nesse contexto, cabe ressaltar que o antecedente histórico e institucional que viabilizou o processo de privatização e determinou a mudança radical na visão das atribuições do Estado brasileiro está alojado na própria Constituição Federal de 1988, que no *caput* do art. 173 é bastante incisiva:

---

[22] Para efeito didático e ilustrativo, é oportuno ressaltar os seis objetivos fundamentais contidos na Lei nº 8.031:1. reordenar a posição estratégica do Estado na economia, transferindo à iniciativa privada atividades indevidamente exploradas pelo setor público; 2. contribuir para a redução da dívida púbica, concorrendo para o saneamento das finanças do setor público; 3. permitir a retomada de investimentos nas empresas e atividades que vierem a ser transferidas à iniciativa privada; 4. contribuir para a modernização do parque industrial do país, ampliando sua competitividade e reforçando a capacidade empresarial nos diversos setores da economia; 5. permitir que a administração pública concentre seus esforços nas atividades em que a presença do Estado seja fundamental para a consecução das prioridades nacionais; 6. contribuir para o fortalecimento do mercado de capitais através do acréscimo da oferta de valores mobiliários e da democratização da propriedade do capital das empresas que integrarem o programa.

Ressalvados os casos previstos nesta Constituição, a exploração direta de atividade econômica pelo Estado só será permitida quando necessária aos imperativos da segurança nacional ou a relevante interesse coletivo, conforme definidos em lei.

Em sintonia com o movimento que tomou lugar em boa parte dos países desenvolvidos da Europa Ocidental, o Brasil experimenta um processo vigoroso de privatização nos anos 1990, que começou com Fernando Collor e atingiu o apogeu no governo de FHC. Assim, com a retirada do Estado, que muitas vezes atuava como produtor direto e exclusivo em um mercado monopolizado, surge a necessidade de se criarem instrumentos e instituições capazes de organizar e controlar esses mercados, ou seja, na ausência do monopólio estatal, torna-se premente a necessidade de regular esses segmentos da economia que foram recentemente privatizados.

Rapidamente, com o intuito de dimensionar e ressaltar a grande mudança que marca definitivamente a atuação do Estado brasileiro, faremos uma avaliação quantitativa do intenso processo de privatização. No quadro 2 encontram-se as empresas estatais na esfera federal que, segundo os dados oficiais do Ministério do Planejamento, Orçamento e Gestão levantados pela Coordenação das Empresas Estatais (www.planejamento.gov.br), foram privatizadas entre 1990 e 2006.

Quadro 2
Empresas estatais privatizadas entre 1990 e 2006

Sigla	Nome da empresa	Data de exclusão
CBEE	Comercializadora Brasileira de Energia Emergencial	30-6-2006
BEC	Banco do Estado do Ceará	21-12-2005
PAR	Petrobras Argentina S.A.	18-2-2005
EG3	EG3 S.A.	18-2-2005
BEM	Banco do Estado do Maranhão S.A.	10-2-2004
BEA	Banco do Estado do Amazonas S.A.	24-1-2002
BEG	Banco do Estado de Goiás S.A.	4-12-2001
Banespa	Banco do Estado de São Paulo S.A.	20-11-2000
Datamec	Datamec/Processamento de Dados	23-6-1999
Gerasul	Centrais Geradoras do Sul do Brasil S.A.	15-9-1998
Telebrás	Embratel, 27 empresas de telefonia fixa e 26 de telefonia celular	29-7-1998
Meridional	Banco Meridional do Brasil S.A.	4-12-1997
CVRD	Companhia Vale do Rio Doce e 13 subsidiárias	6-5-1997
Light	Light Serviços de Eletricidade S.A.	21-5-1996
Escelsa	Espírito Santo Centrais Elétricas S.A.	11-7-1995
Embraer	Empresa Brasileira de Aeronáutica S.A.	7-12-1994

continua

Sigla	Nome da empresa	Data de exclusão
EAC	Embraer Aircraft Corporation	7-12-1994
EAI	Embraer Aviation International	7-12-1994
Neiva	Indústria Aeronáutica Neiva S.A.	7-12-1994
Caraíba	Mineração Caraíba Ltda.	28-7-1994
PQU	Petroquímica União S.A.	25-1-1994
Açominas	Aço Minas Gerais S.A.	10-9-1993
Cosipa	Cia. Siderúrgica Paulista	20-8-1993
Ultrafértil	Ultrafértil S.A.	24-6-1993
CSN	Companhia Siderúrgica Nacional	2-4-1993
FEM	Fábrica de Estruturas Metálicas S.A.	2-4-1993
Acesita	Companhia Aços Especiais Itabira	23-10-1992
Energética	Acesita Energética S.A.	23-10-1992
Fasa	Forjas Acesita S.A.	23-10-1993
Goiasfértil	Goiás Fertilizantes S.A.	8-10-1992
Fosfértil	Fertilizantes Fosfatados S.A.	12-8-992
CST	Companhia Siderúrgica de Tubarão	23-7-1992
CNA	Companhia Nacional de Álcalis	15-7-1992
Alcanorte	Álcalis do Rio Grande do Norte	15-7-1992
Copesul	Companhia Petroquímica do Sul	15-5-1992
Petroflex	Petroflex Indústria e Comércio	10-4-1992
AFP	Aços Finos Piratini S.A.	14-2-1992
SNBP	Serviço de Navegação da Bacia do Prata	14-1-1992
Cosinor	Companhia Siderúrgica do Nordeste	14-11-1991
Cosinor Dist.	Cosinor Distribuidora S.A.	14-11-1991
Mafersa	Mafersa S.A.	11-11-1991
Celma	Companhia Eletromecânica	11-11-1991
Usiminas	Usinas Siderúrgicas de Minas Gerais S.A.	24-10-1991
Usimec	Usiminas Mecânica S.A.	24-10-1991

Obs.: Como muitas corporações possuíam subsidiárias, o número de empresas privatizadas na esfera federal totaliza 71 corporações. Somente o sistema Telebrás envolvia 27 empresas de telefonia móvel e 26 de telefonia fixa, arrecadando, sozinho, US$ 29 bilhões.

De acordo com o Relatório de Atividades 2005 do Programa Nacional de Desestatização, produzido pelo Banco Nacional de Desenvolvimento Econômico e Social (BNDES) (www.bndes.gov.br), o processo de privatização foi mais intenso nos setores petroquímico, siderúrgico e ferroviário.[23]

Do ponto de vista financeiro também o impacto do processo de privatização é muito intenso para o Estado brasileiro, totalizando, ainda de acordo com dados do BNDES, US$ 105,8 bilhões (tabela 3).

---

[23] Essa é a distribuição numérica das 71 empresas privatizadas por área de atuação: 27 petroquímicas, oito siderúrgicas, sete ferroviárias, sete portuárias, seis financeiras, cinco fertilizantes, três de energia elétrica, duas de mineração, uma de petróleo e gás e outras cinco.

Tabela 3
Receita das privatizações
(US$ bilhões)

Programa	Receita de vendas	Dívidas transferidas	Resultado total
Privatizações federais (Plano Nacional de Desenvolvimento e telecomunicações)	59,8	11,3	71,1
Privatizações estaduais	28	6,7	34,7
Total	87,8	18	105,8

Dessa forma, é nesse contexto de forte privatização que surgem as agências reguladoras no Brasil. Em todo o mundo, a criação das agências reguladoras cumpre pelo menos duas funções cruciais:

- através de um bom arranjo institucional, caracterizado pela autonomia e capacidade técnica da administração pública, busca-se criar um ambiente favorável ao investimento externo nesses setores específicos, que exigem enormes quantidades de capital. Além dessa atuação independente e profissional, é imprescindível o desenvolvimento de um marco legal estável e moderno, que deverá ser perseguido pelas agências;
- como geralmente esses mercados são imperfeitos e monopolistas, a atuação das agências reguladoras seria no sentido de corrigir distorções alocativas e proteger os consumidores.

Assim a literatura especializada expõe o problema do ponto de vista econômico:

Embora, no Brasil, a regulação tenha surgido como conseqüência da privatização e tenha sido muito influenciada pela necessidade de garantir aos investidores, especialmente aos externos, que a existência de um órgão técnico e autônomo seria garantia da manutenção do equilíbrio econômico-financeiro dos contratos, a necessidade de regular tem dois motivos essenciais: 1. existência de falhas de mercado; e 2. controle do abuso de poder econômico. As falhas de mercado são originadas pela estrutura dos mercados regulados, pela existência de externalidades, pelas imperfeições de informação e pela presença de bens públicos. As estruturas de mercado concentradas, quando existem altas escalas de produção em relação à demanda, permitem que as empresas possam abusar de seu poder, praticando preços monopolistas, dificultando a entrada de novos competidores e, por meio desses preços monopolistas, distorcendo a alocação de recursos.[24]

---

[24] Barrionuevo Filho, 2005:82.

Com forte inspiração do modelo norte-americano, marcadamente caracterizado pela profusão de agências, que inclusive tem experimentado certo descrédito por parte da população e de boa parte dos estudiosos, o Brasil começou a criar suas agências na segunda metade da década de 1990. Precisamente nesse contexto foram criadas as agências reguladoras no Brasil, que ficaram encarregadas de atuar sobre mercados que passaram por um intenso processo de privatização, como é o caso da Aneel, Anatel e Agência Nacional do Petróleo, Gás Natural e Biocombustíveis (ANP). Num segundo momento, com a criação da Anvisa e da Agência Nacional de Saúde Suplementar (ANS), através das agências reguladoras, o Estado passa também a controlar mercados mais competitivos em áreas com um alcance social enorme, como a vigilância sanitária e o segmento de saúde suplementar.

Ressalte-se que a figura das agências não é de todo desconhecida do direito administrativo brasileiro, especialmente no que se refere às funções regulatórias, como é o caso do Banco Central do Brasil (Bacen) (Lei nº 4.595, de 31 de dezembro de 1964), da Superintendência de Seguros Privados (Susep) (Decreto-lei nº 73, de 21 de novembro de 1966) e da Comissão de Valores Mobiliários (CVM) (Lei nº 6.385, de 7 de dezembro de 1976). A figura das agências reguladoras é nova apenas quanto às atividades relacionadas às concessões e autorizações de serviços públicos, funções que inclusive eram diretamente desempenhadas ou fornecidas pela própria administração pública.

Estritamente dos pontos de vista jurídico e administrativo, a literatura especializada chama a atenção para algumas características específicas das agências. Assim o faz Di Pietro (2005):

> Dentro dessa função regulatória, considerada no duplo sentido assinalado pelo autor, pode-se considerar a existência de dois tipos de agências reguladoras no direito brasileiro: a) as que exercem, com base em lei, típico poder de polícia, com imposição de limitações administrativas, previstas em lei, fiscalização, repressão; é o caso, por exemplo, da Agência Nacional de Vigilância Sanitária (Anvisa), criada pela Lei nº 9.782, de 26 de janeiro de 1999, da Agência Nacional de Saúde Suplementar (ANS), criada pela Lei nº 9.961, de 28 de janeiro de 2000, da Agência Nacional de Águas, criada pela Lei nº 9.984, de 17 de julho de 2000; b) as que regulam e controlam as atividades que constituem objeto de concessão, permissão ou autorização de serviço público (telecomunicações, energia elétrica, transportes etc.) ou de concessão para exploração de bem público (petróleo e outras riquezas minerais, rodovias etc.).

É interessante também observar que a criação das agências brasileiras combinou um conjunto de preocupações relativas à intensificação do controle social e à flexibilização das regras administrativas. Como o Plano Diretor tratava de maneira conjunta todos esses problemas, eles foram trazidos simultaneamente para a agenda da reforma administrativa, acarretando certa peculiaridade para o caso brasileiro, especialmente se comparado com o modelo americano de agências. A importância das agências no cenário da administração pública brasileira é fundamental dadas a velocidade e a intensidade do processo de privatização, que radicalmente transformou a estrutura do Estado. Peci (2006:161) assinala com precisão essa mudança radical:

> As funções regulatórias sempre existiram no Brasil, embutidas nas estruturas diretas de ação estatal. Mas, quando o Estado assume o papel de propriedade, execução e controle direto na economia, a importância dessas funções não é devidamente percebida. A regulação ganha força no contexto de pós-privatização, embora, no caso brasileiro, tal papel não tenha sido inicialmente planejado.

O arranjo jurídico e institucional das agências reguladoras é extremamente complexo e delicado em função do seu posicionamento estratégico em relação aos três poderes do Estado. Em relação ao Executivo, existe uma considerável área de autonomia, especialmente se comparada com o restante da administração pública. Essa autonomia está diretamente relacionada ao princípio da especialização, uma vez que suas decisões são técnicas e não estão sujeitas à revisão por parte do Executivo, que, no âmbito administrativo, não pode alterar as deliberações das agências.

Por estarem muitas vezes encarregadas de decidir sobre assuntos técnicos e complexos, as agências reguladoras acabam desempenhando um papel legislativo, na exata medida que vão regulamentar e organizar determina matéria ou mercado. Por isso é importante deixar bem delimitada a área de atuação das agências, que tendem facilmente a invadir a seara legislativa no desempenho de suas funções reguladoras, especialmente quando vão conceituar ou interpretar determinada matéria.

Comumente, ao proceder a julgamentos de determinadas situações e problemas concretos, as agências acabam exercendo uma função judicial, especialmente se considerarmos que suas decisões são técnicas e finais no âmbito administrativo. Como existe o princípio da unicidade de jurisdição no direito brasileiro, a qualquer momento o Judiciário pode ser chamado a decidir sobre os mais variados assuntos relativos ao papel desempenhado pelas agências reguladoras. Por isso, para evitar conflitos institucionais entre o Executivo e o Judiciário, a área de atuação da agência deve ser muito bem delimitada.

Anteriormente ressaltamos que o arranjo institucional inerente ao processo de criação das agências é complexo e dinâmico, uma vez que essas exercem funções quase legislativas e quase judiciárias, necessitando de uma atenção especial para que não extrapolem suas funções precípuas. Sem um bom sistema de freios e contrapesos, esse modelo, que combina elevada autonomia em relação ao Executivo e esbarra em funções precípuas dos poderes Legislativo e Judiciário, pode implicar excessos, que naturalmente exigem salvaguardas institucionais para serem corrigidos ou evitados.

Do ponto de vista institucional, as agências reguladoras se organizam sob o regime jurídico das autarquias. A figura da unidade descentralizada na administração pública é antiga na evolução do direito administrativo brasileiro, uma vez que o Decreto-lei nº 6.016, de 22 de dezembro de 1943, já definia, do ponto de vista jurídico, as características das autarquias. Posteriormente, já com o Decreto-lei nº 200, de 25 de fevereiro de 1967, as autarquias passaram a constituir, juntamente com fundações, sociedades de economia mista e empresas públicas, o que ficou genericamente definido como administração indireta. De um modo geral, as instituições que compõem a administração indireta têm em comum pelo menos três características: são criadas por lei específica e possuem personalidade jurídica e patrimônio próprios. Ainda de acordo com o Decreto-lei nº 200, as autarquias são direcionadas para as atividades típicas da administração que requeiram, para melhor desempenho, gestões administrativa e financeira descentralizadas.

Mais duas outras características devem ser acrescentadas às entidades da administração indireta: o princípio da especialização e a supervisão ministerial. O primeiro autoriza a atuação da entidade descentralizada apenas nas áreas para as quais demonstre cabalmente ter as condições técnicas. Também é inerente ao princípio da especialização o entendimento de que as decisões da entidade descentralizada não podem ser reformadas pelo Poder Executivo, restando como última palavra na esfera administrativa, apenas podendo ser contestada através de um processo judicial. Já a supervisão ministerial, introduzida no direito positivo brasileiro pelo mesmo Decreto-lei nº 200, garante ao órgão supervisor a capacidade de, respeitadas as autonomias das entidades, controlar os resultados e o desempenho das unidades descentralizadas.

No caso específico das agências reguladoras, as leis de criação praticamente falam de uma nova espécie de autarquia, as de regime especial. A idéia que se constata na interpretação da legislação é cristalina quanto ao objetivo de se buscarem níveis mais elevados de autonomia das autarquias de regime especial em relação aos ministérios supervisores. De modo geral, essa autonomia diferenciada seria viabilizada pelas seguintes características: independência administrativa, autonomia financeira, ausência de subordinação hierárquica, mandatos fixos de seus dirigentes e, obedecendo ao princípio da especialidade técnica, seus atos não podem ser revistos ou alterados pelo Poder Executivo, apenas pelo Judiciário.

A título de comparação, vale lembrar que o Decreto-lei nº 200 já faz previsão explícita quanto à necessidade de independência administrativa e financeira das autarquias, não havendo nenhuma novidade quanto a essas questões. Nas leis de criação das agências reguladoras existe um esforço adicional em se distinguir subordinação hierárquica de supervisão administrativa. É bom destacar que, nas autarquias de regime especial, não existe subordinação entre a agência e o ministério, que fica apenas e tão-somente encarregado da supervisão administrativa, que poderá ser realizada através do monitoramento dos contratos de gestão, quando houver.

Apesar de o direito administrativo brasileiro já conhecer a figura do dirigente de autarquia estável, como é o caso dos reitores das universidades públicas, o que realmente representa uma inovação considerável do ponto de vista institucional nas autarquias de regime especial seriam os mandatos fixos e não-coincidentes dos dirigentes. Todos são escolhidos pelo presidente da República, destacando que essa escolha deve ainda ser aprovada pelo Senado Federal. A intenção, notadamente, é trazer autonomia para as agências reguladoras, uma vez que seus dirigentes só podem ser exonerados, depois de efetivados nos cargos, se incorrerem em alguma forma de impropriedade administrativa. Para efeito de ilustração, vejamos a redação do artigo 8º da lei de criação da ANS:

> Após os primeiros quatro meses de exercício, os dirigentes da ANS somente perderão o mandato em virtude de: I – condenação penal transitada em julgado; II – condenação em processo administrativo, a ser instaurado pelo Ministro de Estado da Saúde, assegurados o contraditório e a ampla defesa; III – acumulação ilegal de cargos, empregos ou funções públicas; e IV – descumprimento injustificado de objetivos e metas acordados no contrato de gestão de que trata o Capítulo II desta lei.

Mais duas outras peculiaridades caracterizam as autarquias de regime especial: a participação dos usuários nos conselhos de administração e a quarentena dos dirigentes. O controle social que a participação dos usuários nos conselhos de administração viabiliza tem sido buscado insistentemente na administração pública brasileira depois da CF/88, visando sempre a busca por níveis mais elevados de transparência e eficiência. Sem dúvida, a participação da população interessada na administração das agências reguladoras representaria, em princípio, possibilidade de profissionalização das autarquias de regime especial, buscando preservá-las da influência patrimonialista que campeia na administração pública brasileira.

Por outro lado, o instituto da quarentena visa impedir o conflito de interesses que pode surgir quando um ex-dirigente de agência reguladora volta a trabalhar no mercado. Naturalmente, o ex-dirigente de um órgão de fiscalização e regulação detém um conjunto enorme e valioso de importantes informações, além de deixar na antiga instituição um rico patrimônio em relações pessoais. Dessa forma, se a lei de criação da autarquia não dispuser em contrário, podendo até mesmo aumentar o tempo da quarentena, o ex-dirigente fica submetido às regras do art. 15 do Código de Conduta da Alta Administração Pública Federal, de 22 de agosto de 2000, ou seja, não deverá atuar no mercado regulado pelo período de quatro meses.

Em alguns casos específicos, como na ANP, o prazo de quarentena é ainda mais extenso. Vejamos a redação do art. 14 da lei de criação da agência:

> Terminado o mandato, ou uma vez exonerado do cargo, o ex-Diretor na ANP ficará impedido, por um período de doze meses, contados da data de sua exoneração, de prestar, direta ou indiretamente, qualquer tipo de serviço a empresa integrante da indústria do petróleo ou de distribuição. §1º – Durante o impedimento, o ex-Diretor que não tiver sido exonerado nos termos do artigo 12 poderá continuar prestando serviço à ANP, ou a qualquer órgão da Administração Direta da União, mediante remuneração equivalente à do cargo de direção que exerceu.

Na mesma direção aponta o art. 9º da criação da Aneel, que também adota uma quarentena bem extensa:

> O ex-dirigente da Aneel continuará vinculado à autarquia nos doze meses seguintes ao exercício do cargo, durante os quais estará impedido de prestar, direta ou indiretamente, independentemente da forma ou natureza do contrato, qualquer tipo de serviço às empresas sob sua regulamentação ou fiscalização, inclusive controladas, coligadas ou subsidiárias. §1º – Durante o prazo da vinculação estabelecida neste artigo, o ex-dirigente continuará prestando serviço à Aneel ou a qualquer outro órgão da administração pública direta da União, em área atinente à sua qualificação profissional, mediante remuneração equivalente à do cargo de direção que exerceu.

Desde a publicação do Plano Diretor, em novembro de 1995, foram criadas, na administração pública federal, nove agências reguladoras. No quadro 3, listamos todas as agências reguladoras criadas no plano federal, lembrando que apenas existe previsão constitucional para a criação da Anatel (art. 21, inciso XI, com redação dada pela EC nº 8, de 15 de agosto de 1995) e da ANP (art. 177, §2º, III, com redação dada pela EC nº 9, de 9 de novembro de 1995).

Quadro 3
Agências reguladoras criadas no plano federal

Agência reguladora	Diploma legal	Contrato de gestão obrigatório	Vinculação institucional
Aneel (Agência Nacional de Energia Elétrica)	Lei nº 9.427, de 26-12-1996	Sim, art. 7º. Contrato de 2-3-1998	Ministério de Minas e Energia
Anatel (Agência Nacional de Telecomunicações)	Lei nº 9.472, de 16-7-1997	Não	Ministério das Telecomunicações
ANP (Agência Nacional de Petróleo)	Lei nº 9.478, de 6-8-1997	Não	Ministério de Minas e Energia
Anvisa (Agência Nacional de Vigilância Sanitária)	Lei nº 9.782, de 26-1-1999	Sim, art. 19. Contrato de 10-9-1999	Ministério da Saúde
ANS (Agência Nacional de Saúde Suplementar)	Lei nº 9.961, de 28-1-2000	Sim, art. 14. Contrato de 21-12-2000	Ministério da Saúde
ANA (Agência Nacional de Águas)	Lei nº 9.984, de 17-7-2000	Não	Ministério de Meio Ambiente
ANTT (Agência Nacional de Transportes Terrestres)	Lei nº 10.233, de 5-6-2001	Não	Ministério dos Transportes
Antaq (Agência Nacional de Transportes Aquaviários)	Lei nº 10.233, de 5-6-2001	Não	Ministério dos Transportes
ANAC (Agência Nacional de Aviação Civil)	Lei nº 11.182, de 27-9-2005	Não	Ministério da Defesa

Obs.: A Agência Nacional do Cinema (Ancine) não é aqui mencionada por não se enquadrar propriamente no conceito de agência reguladora, caracterizando mais adequadamente uma agência de fomento.

É interessante notar que no Plano Diretor, em princípio, todo o processo de criação de agências autônomas (executiva e reguladora) estaria sujeito à implantação de mecanismos de avaliação de desempenho, como os contratos de gestão. Mas no caso específico das agências reguladoras, em apenas três (Aneel, Anvisa e ANS) das nove criadas existe a obrigatoriedade da assinatura de um contrato de gestão.

Pela importância dos interesses envolvidos, o bom funcionamento das agências reguladoras é crucial para a população brasileira, devendo ser alvo constante de aperfeiçoamentos e fortalecimento institucional por parte do governo. Assim, um problema se coloca com muita contundência: o efetivo grau de autonomia das agências reguladoras, lembrando que a autonomia deve ser conquistada em duas direções principais: em relação ao governo e em relação aos setores regulados, como mostra a figura a seguir.

```
┌─────────────────────────────────────────────────────────────────────┐
│  ┌──────────┐   Autonomia                    Autonomia   ┌──────────┐│
│  │Ministério│  ←──────────  ┌────────────┐  ──────────→  │          ││
│  │supervisor│               │  Agência   │               │  Setor   ││
│  │(governo) │               │ reguladora │               │ regulado ││
│  └──────────┘    em relação └────────────┘   em relação  └──────────┘│
└─────────────────────────────────────────────────────────────────────┘
```

Quanto ao governo, é fundamental que não atue politicamente em um setor que deve ser prioritariamente tratado de maneira técnica e profissional, buscando garantir os direitos dos consumidores ante os fornecedores de serviços públicos concedidos que atingem em cheio o cotidiano de toda a população brasileira. Nitidamente, é importante que o Executivo federal não se deixe seduzir pela tentação de fazer política industrial ou de controle de inflação através dos setores regulados. Não raro, ouvimos vozes importantes no governo defendendo a fixação de preços irreais para o petróleo, energia elétrica ou tarifa telefônica, buscando arrefecer tendências inflacionárias ou incentivar determinados setores da economia. Em princípio, toda e qualquer ingerência política visando interferir em um assunto essencialmente técnico será muito prejudicial ao modelo das agências reguladoras, devendo ser evitada a qualquer custo.

Por outro lado, até mesmo em função de nossa engenharia política, com uma estrutura federativa descentralizada e multipartidarismo, as nomeações para os altos cargos da república são excessivamente pautadas por critérios políticos e eleitorais. Dessa forma, se caírem na vala comum das nomeações políticas para a administração pública federal, as agências reguladoras, por exigirem qualificação técnica e autonomia política, sucumbirão, deixando uma ampla parte da população brasileira desprotegida e refém da voracidade de mercados monopolistas.

Nesse sentido, o processo de escolha dos dirigentes deve se pautar pelos critérios técnicos e profissionais, sob pena de jogar por terra um modelo de gestão que tem enorme potencial para o aperfeiçoamento da ação estatal no Brasil. Na Lei nº 9.986, art. 5º, exigem-se reputação ilibada e formação universitária para os dirigentes de agências. Para os padrões da administração pública brasileira é um avanço, mas é ainda insuficiente diante da complexidade dos problemas que envolvem todo o processo de regulação. Insistimos nesse aspecto por entendermos que um conjunto de más nomeações pode invalidar um amplo processo de criação e desenvolvimento institucional, inviabilizando uma rica experiência no âmbito da administração pública brasileira.

Ainda com relação às nomeações de dirigentes, ao exercício de competências complexas e técnicas e à autonomia política, entre outros temas relevantes para o modelo das agências reguladoras, acredito ser pedagógica uma aproximação com a experiência com o Bacen, naturalmente entendido como a agência reguladora do sistema financeiro nacional.

Apesar da não-regulamentação do art. 192 da CF/88, que poderia estabelecer de direito as atribuições e competências do Bacen, inclusive fixando seu nível de autonomia em relação ao governo, nas últimas décadas a atuação do Bacen tem sido bastante profissional e independente. Legalmente o seu presidente está subordinado ao ministro da Fazenda. Por outro lado, a maior autoridade monetária do Brasil é o Conselho Monetário Nacional, composto pelos ministros da Fazenda e do Planejamento e pelo presidente do Bacen, todos com vinculação direta ou indireta com o presidente da República. Assim, em princípio, o Executivo poderia, em função de pressões políticas, interferir em decisões monetárias importantes, como a definição da taxa de juros estabelecida pelo Comitê de Política Monetária (Copom), composto pelos diretores do Bacen.

Acontece que, pelo menos desde o primeiro mandato de FHC, o Bacen tem sido preservado em sua autonomia. As nomeações dos dirigentes têm passado ao largo do balcão clientelista da administração pública brasileira e ainda existe a garantia de que suas decisões terão cunho prioritariamente técnico. Recentemente, a cada nova reunião do Copom ecoam vozes na sociedade e no Congresso Nacional, até mesmo dentro da Esplanada dos Ministérios, questionando as decisões do Bacen, que as tem galhardamente ignorado.

Assim, se não existe independência de direito, há de fato uma margem muito grande de autonomia do Bacen em relação ao governo. Toda essa explanação foi no sentido de argumentar que a recente experiência do Bacen pode ser um exemplo importante para o modelo das agências reguladoras, indicando que a administração pública brasileira tem como atuar em bases técnicas e profissionais, longe do clientelismo mais rasteiro que impera em outras instituições. Afastando-se dessa direção, não vislumbro chances de sucesso para o modelo das agências reguladoras no Brasil, que vêm se expandindo constantemente, e em áreas cruciais, a partir de 1996.

A autonomia diante aos setores regulados é fundamental, visto que deve evitar uma prática muito comum no Brasil: a captura do Estado por interesses particularistas e corporativos. É cristalino que a relação do órgão regulador com as empresas reguladas deve ser a mais transparente e profissional possível, evitando uma promiscuidade que acaba, em detrimento do interesse público, beneficiando interesses privados escusos dos agentes econômicos regulados.

Pelo fato de envolver consumidores cativos que na maior parte das vezes não têm opção de escolha entre os prestadores de serviços, o nível de autonomia e eficiência das agências reguladoras tem um impacto decisivo sobre a qualidade do serviço prestado. De modo geral, os mecanismos de autonomia se manifestam na combinação sempre desigual das seguintes características: mandato fixo e não-coincidente dos dirigentes, orçamento próprio, representante dos usuários nos conselhos de administração e adoção da quarentena quando da saída dos dirigentes.

Assim, da efetiva autonomia das agências reguladoras perante o governo e os setores regulados vai depender o resultado do modelo de gestão proposto pelo Plano Diretor. Pelo fato de o modelo ainda estar em implantação, é difícil fazer uma avaliação precisa e criteriosa. No entanto os abusos de alguns setores no aumento de suas tarifas e as queixas dos consumidores quanto à prestação dos serviços através dos planos privados de medicina de grupo não deixam dúvidas quanto à necessidade de um profundo e urgente aperfeiçoamento do modelo regulador brasileiro.

Não restam dúvidas de que importantes tarefas e enérgicas medidas precisam ser empreendidas e tomadas pelas agências reguladoras, especialmente nas áreas cruciais de energia, saúde pública e transportes, exigindo um aparato institucional ágil, eficiente e autônomo que o modelo de agências reguladoras pode muito bem representar. Apesar de alguns aperfeiçoamentos institucionais e legais que o modelo atualmente requer, acredito que a criação do modelo de agências reguladoras significa uma importante contribuição do governo FHC para a melhora da capacidade operacional e fiscalizadora do Estado brasileiro.

Pelo amplo e importante espectro de atuação das agências reguladoras, que desempenham funções simultaneamente quase legislativas e quase judiciais, essas instituições geralmente constituem alvos preferenciais quando se trata de criar acessos privilegiados junto ao Estado. No desempenho das cruciais tarefas de regulação e defesa da concorrência, as agências naturalmente criam espaços e situações propícias para desenvolver uma área de conflito de interesses entre os altos administradores e a busca do bem público. Analisando outro contexto histórico, mas ainda muito atual, o sociólogo Fernando Henrique Cardoso identificou uma relação incestuosa entre os dirigentes das mais importantes instituições da administração indireta e alguns interesses particularistas, que se mesclavam e desenvolviam através do que ele denominou "anéis burocráticos". É exatamente através dessa relação perniciosa que se concretiza a captura do Estado por interesses particularistas.

Apontando que essa tendência de acesso privilegiado ao Estado é mais comum do que se imagina, Oliveira e Rodas (2004:148) vão direto ao ponto:

A experiência regulatória dos países maduros revela uma elevada probabilidade de "captura" das agências regulatórias pelos segmentos que deveriam ser regulados. Independentemente de problemas éticos, verificou-se elevada propensão dos "regulados capturarem os reguladores". Os principais motivos são a assimetria de informações em desfavor do setor público e a natural identidade profissional entre os especialistas com função judicante temporária e os segmentos sujeitos a uma determinada jurisdição administrativa. O grau em que o recrutamento e o futuro profissional das autoridades regulatórias se restringe ao setor regulado constitui variável relevante para a propensão à captura.

Já no início do governo do presidente Luiz Inácio Lula da Silva surgiram problemas com relação à manutenção do sistema regulador tal qual idealizado e implantado pelo governo FHC, acenando para uma futura reestruturação de todo o sistema nacional de regulação. Em junho de 2003 houve uma queda de braço entre o Poder Executivo e a Anatel em relação ao reajuste das tarifas de telefonia. O então ministro das Comunicações, Miro Teixeira, questionou o índice de reajuste previsto no contrato de regulação, o Índice Geral de Preços – Disponibilidade Interna (IGP-DI), que autorizava um reajuste da ordem de 30,05%, ao passo que a inflação oficial do período, medida pelo Índice Nacional de Preços ao Consumidor Amplo (IPCA), foi de 17,24% para os últimos 12 meses. O governo ficou na difícil situação de interferir no índice de reajuste e quebrar a validade do contrato, causando muita dúvida e insegurança no mercado, o que poderia acarretar a diminuição ou paralisação dos investimentos, principalmente estrangeiros, nos diversos setores regulados. O fato é que o índice de reajuste adotado sofreu uma série de ações na Justiça, gerando muita insegurança jurídica, conjuntura considerada péssima pelos investidores.

Outro problema que deve urgentemente ser resolvido no sentido de aprofundar e aperfeiçoar o modelo das agências reguladoras é a questão do estrangulamento orçamentário que recaiu com intensidade sobre várias delas. Exemplo contundente já mencionado no início deste livro é o caso da Aneel, que em 2004 teve seu orçamento reduzido de R$ 175 milhões para R$ 123 milhões. Também foi amplamente divulgado na imprensa o cancelamento temporário do serviço de reclamações gratuitas (0800) da Anatel em agosto de 2005.

É simplesmente inconcebível que uma agência reguladora que atua em um mercado tão grande e importante fique sem um canal de comunicação gratuito e rápido com o consumidor, a quem deve escutar e proteger. Nesse contexto caem por terra todas as prerrogativas de controle social, autonomia orçamentária, administrativa e política, percebidas como fundamentais para um modelo bem-sucedido de agências reguladoras. Esses cortes orçamentários acabam diminuindo ou mesmo inviabilizando toda a capacidade operacional e administrativa das agências, principalmente as que dependem, por não terem receitas próprias, mais fortemente dos recursos orçamentários do Tesouro Nacional.

Abordando outro conjunto de questões, observamos que na implantação das agências reguladoras no Brasil existe uma dificuldade enorme com relação ao quadro de servidores desses órgãos, que precisa ser altamente qualificado, treinado e bem remunerado. Forçosamente as agências lidam com assuntos técnicos e complexos, que exigem uma formação profissional excelente. Esse aspecto é especialmente relevante quando constatamos que na outra ponta, mais especificamente nos setores regulados, existe uma gama de profissionais bem preparados e satisfatoriamente remunerados defendendo os interesses de seus empregadores. Nessa equação, se as agências estiverem em condições tecnicamente inferiores, será praticamente impossível realizar um trabalho profissional e eficiente de regulação de mercado e defesa da concorrência.

Acontece que o quadro de servidores das agências é muito precário, basicamente composto por pessoal cedido pelos ministérios supervisores, terceirizados ou contratos temporários. Especialmente quando foram criadas, as agências sofreram muito com a falta de pessoal qualificado, o que se refletiu intensamente na sua capacidade institucional de regulação. Apenas mais recentemente, já no governo do presidente Lula, está havendo um processo mais intenso de contratação, através de concurso público, de técnicos em regulação, distribuídos entre as várias agências reguladoras. Alguns problemas ainda subsistem mesmo diante das recentes contratações, especialmente com relação aos baixos salários oferecidos pelas agências. De qualquer maneira, já existe uma movimentação no sentido de atacar ou pelo menos minimizar os atuais problemas relacionados com a qualidade da mão-de-obra das agências reguladoras.

O problema do quantitativo e da qualificação técnica dos servidores das agências se agravou em função de problemas jurídicos envolvendo a lei federal que versa sobre o quadro de pessoal e as contratações para as agências. O questionamento jurídico fez com que o quadro dos servidores das agências fosse composto, em sua maioria, por servidores cedidos e temporários, trazendo imensos prejuízos para o processo de institucionalização desse novo modelo de gestão do Estado brasileiro. Assim Marcus Melo (2002:278) descreve essa dificuldade:

> O primeiro diz respeito aos impasses resultantes da contestação da Lei das Agências (Lei nº 9.986, de 2000), que dispõe sobre os quadros de servidores das agências. A

Lei cria, para exercício exclusivo nas Agências Reguladoras, os empregos públicos de nível superior de Regulador, de Analista de Suporte à Regulação, os empregos de nível médio de Técnico em Regulação e de Técnico de Suporte à Regulação. No entanto, ela foi objeto de contestação judicial no STF, por meio da Adin 2.310 interposta pelo PC do B e PT, que argumentaram que ela está em desacordo com a Emenda Constitucional nº 19 (reforma administrativa), que estabelece que as funções de fiscalização e regulação representam atividades típicas de Estado, obtendo liminar suspendendo a validade de alguns artigos e a realização de concurso.

Essa deficiência congênita tem comprometido a capacidade operacional, técnica e administrativa das agências, que deverão superar essas falhas no sentido de realmente consolidarem uma política de regulação no Brasil, com instituições fortes e pessoal altamente qualificado. Mais uma vez a aproximação com o Bacen é pedagógica. Não tenho dúvidas de que é de vital importância para o bom desempenho de suas atribuições a existência de carreiras já estruturadas e relativamente bem remuneradas, que tecnicamente desenvolveram a *expertise* necessária para uma atuação profissional do Bacen.

Já no final do governo Lula esse problema seriíssimo começou a ser equacionado com os primeiros concursos públicos para as agências reguladoras, que finalmente poderão contar com um quadro estável e tecnicamente mais qualificado, buscando corrigir uma defasagem de anos em relação ao setor regulado. No mesmo sentido, no segundo semestre de 2006, a área de regulação recebeu 75 novos especialistas em políticas públicas e gestão governamental, demonstrando uma preocupação do governo em corrigir esse erro estratégico fatal que tanto tem penalizado o modelo das agências e a população brasileira.

Outro problema visível na criação das agências no Brasil pode ser exemplarmente demonstrado pela trajetória da Aneel. O erro foi criar a agência reguladora depois de iniciada a privatização do setor elétrico, deixando os consumidores reféns da voracidade das empresas, geralmente multinacionais e monopolistas, que adquiriram as antigas concessionárias. Ao privatizar antes de desenvolver a *expertise* necessária para uma adequada regulação, a sociedade ficou muito desprotegida, pagando um alto preço pela inoperância das agências já institucionalmente encarregadas de controlar e regular o mercado. Nesse aspecto específico, Gaetani (2002:19) foi preciso:

> O descompasso dos arranjos regulatórios expressa a dificuldade do país em se adequar a novas formas de fomentar o desenvolvimento, notadamente por meio da criação de mercados contestáveis, do incentivo à concorrência e da definição de novos padrões

de interação entre o Estado e o setor produtivo. Com o benefício da visão do que já se passou, é tentador dizer que primeiro o país deveria ter definido mais cuidadosamente as novas regras do funcionamento destes setores antes de se lançar a um intenso programa de privatização, porém dificilmente o governo teria condições de coordenar simultaneamente os dois processos e começar pelo mais difícil.

Essa assincronia ainda permanece em alguns setores, não evidentemente com as características iniciais do que se constatou no setor elétrico, exigindo um adequado encaminhamento para que se fortaleçam as condições institucionais de regulação na administração pública brasileira.

Cabe também destacar o enorme desafio institucional envolvido na criação das agências reguladoras, que naturalmente é um processo complexo e moroso. Para efeitos didáticos, o quadro 4 mostra as principais dificuldades inerentes a qualquer processo de criação das agências reguladoras.

Quadro 4
Desafio de promover o equilíbrio dinâmico e complexo

Quanto aos poderes	Quanto aos atores	Quanto à economia
Executivo	Governo	Garantir investimentos
Legislativo	Setor regulado	Equilíbrio econômico-financeiro
Judiciário	Usuário/cidadão	Proteger o consumidor

Como dito anteriormente, as atribuições das agências reguladoras assumem funções quase legislativas e judiciais, potencializando conflitos entre os poderes. Não raro, ao interpretar e regulamentar matérias essencialmente técnicas, muitas vezes as agências invadem a seara de outros poderes, correndo o risco de adotar medidas ilegais e abusivas, prejudicando os consumidores ou mesmo os setores regulados.

Dentro do próprio Executivo existe uma outra equação que precisa ser administrada. É difícil demarcar com precisão os papéis das agências e dos ministérios supervisores, que deveriam permanecer com as funções estratégicas de definição de políticas públicas para o setor. Não raro, na condução de problemas concretos esse conflito aflora com intensidade, como aconteceu com o gerenciamento da crise energética de 2001, que foi gerenciada por um comitê criado exclusivamente com esse objetivo. De certa forma, além dos problemas inerentes de coordenação, os ministérios se ressentem da perda de poder que a criação das agências inevitavelmente acarreta, acirrando o relacionamento entre o Executivo e as agências reguladoras. Com propriedade, assim Gaetani (2002:20) descreve essas dificuldades:

> Três distorções ocorrem potencialmente neste processo. Primeiro, os termos de entendimento não são elaborados e as duas partes seguem operando independentemente. Segundo, a própria agência define os termos pelos quais entende que deva ser supervisionada. Terceiro, o ministério não consegue impor sua autoridade por razões políticas ou técnicas e passa a operar contra a agência. O enfrentamento coordenado – e não setorializado – destas problemáticas é tarefa urgente que já foi iniciada, mas que precisará ser substancialmente reforçada no próximo governo.

Quanto aos atores, já foi mencionada a necessidade de autonomia em relação ao governo e ao setor regulado. Naturalmente, a parte fraca desse triângulo é representada pelos consumidores, que precisam contar com uma agência reguladora eficiente para protegê-los da voracidade do mercado, especialmente por se tratar de um mercado com tendências monopolistas. Afora os grandes consumidores, que naturalmente possuem forte poder de barganha, os milhões de pequenos usuários dependem de uma agência reguladora forte para defender seus interesses.

Quanto aos aspectos essencialmente econômicos, a dificuldade de equilibrar os interesses dos atores envolvidos é desafiadora. Por um lado, é preciso criar um ambiente regulatório bem institucionalizado e estável, que seja capaz de garantir o marco legal favorável ao investidor. Esse aspecto é crucial tendo-se em vista a enorme quantia de recursos necessária para instalar ou ampliar a capacidade de oferecer serviços essenciais para grande parte da sociedade. Não raro, os empresários nacionais não possuem o capital exigido para garantir os investimentos, sendo preciso atrair empresas estrangeiras no sentido de contribuir, com recursos e tecnologia, para o equacionamento da oferta. Acontece que o capital estrangeiro é arredio e desconfiado, exigindo um bom marco legal para aportar com seus investimentos. É precisamente a criação desse ambiente favorável o desafio das agências reguladoras.

A garantia do equilíbrio econômico-financeiro dos contratos das concessionárias é outro problema desafiador para as agências reguladoras. Se os contratos forem mal remunerados, corre-se o risco de sucateamento dos serviços, causado pela baixa capacidade de investimento das concessionárias. Por outro lado, se existe uma assimetria de informações ou incapacidade técnica da agência em apurar o preço justo para os serviços, as concessionárias podem muito bem se aproveitar da situação monopolística para impor preços exorbitantes aos consumidores indefesos. Dados do IBGE organizados e publicados pelo jornal *O Globo* de 26 de março de 2006 apontam que, para uma variação do IPCA da ordem de 85,16% entre 1998 e 2005, os preços da telefonia fixa subiram 142,88%, ao passo que a energia elétrica sofreu variação acumulada, no mesmo período, de 181,7%.

Essas variações significativamente mais elevadas que a inflação acumulada apontam para uma tendência das agências em atender preferencialmente os interesses dos setores regulados em detrimento das necessidades dos consumidores, que podem ficar presos a tarifas monopolistas praticadas pelo mercado. No mesmo diapasão apontam os trabalhos de Ribeiro (2006) e Pinotti (2006), que demonstram, respectivamente, as dificuldades das agências em conter os preços das tarifas administradas e o calote dos planos de medicina de grupo sobre o Sistema Único de Saúde (SUS), que a Anvisa não tem conseguido estancar.

Como o fortalecimento do controle social é princípio crucial no modelo das agências reguladoras, torna-se necessário fortalecer o papel do usuário nessas instituições, que sempre correm o risco de serem capturadas pelos setores regulados. Assim, o enorme número de reclamações contra as concessionárias demonstra que o interesse do cidadão não está sendo atendido como deveria. Dados também publicados na mesma reportagem supracitada demonstram que a ouvidoria da Anatel recebeu 580.111 reclamações durante o ano de 2005, ao passo que a Aneel contabilizou 598.698.

O elevado número de reclamações demonstra claramente um descontentamento do consumidor, que se sente vítima indefesa de concessionários monopolistas. O descaso com o usuário e com o controle social, teoricamente valorizado pelo modelo das agências, é cabalmente demonstrado pela desativação do 0800 da Anatel em agosto de 2005. Na difícil tarefa de equacionar os interesses dos principais atores envolvidos, parece-me claramente que a posição dos usuários é a mais precária, requerendo maior atenção por parte do legislador.

Importante observar que as deficiências observadas quanto ao controle social tendem a se agravar quando se trata das agências estaduais, menos visíveis e parcamente controladas pela imprensa e pela sociedade. Essa ponderação é mais bem detalhada na introdução da experiência mineira de contratualização.[25]

---

[25] Marcus Melo (2002) faz um relato rico das experiências estaduais de criação das agências reguladoras. A experiência estadual é bastante heterogênea. De modo geral, os problemas de captura, interferência política, deficiências institucionais e falhas quanto ao controle social se agravam nos estados, que são menos expostos e dispõem de uma estrutura administrativa ainda mais deficiente que a da União.

Apesar da dificuldade do governo Lula em aprovar uma lei regulamentando as agências reguladoras, é possível sustentar que o modelo tem sua importância reconhecida e deve passar por uma série de aperfeiçoamentos. Ao contrário das agências executivas e organizações sociais (OSs), no governo Lula houve a criação de uma nova agência reguladora, a Agência Nacional de Aviação Civil (Anac), em 27 de setembro de 2005, provando que o modelo permanece e talvez seja mesmo irreversível na administração pública brasileira, pelo amplo potencial que realmente tem no sentido de aperfeiçoar a ação do Estado.

Assim, o governo do presidente Lula, que assumiu defendendo o fortalecimento do Executivo em relação às agências reguladoras, parece ter mudado sua perspectiva em relação ao modelo, que passou a ser reconhecido como solução adequada diante das novas atribuições do Estado. No meu entendimento, vários aspectos corroboram essa leitura: a criação de mais uma agência reguladora, a realização de concursos públicos para a contratação de novos servidores para integrar o quadro técnico das agências e, finalmente, a destinação de 75 especialistas em políticas públicas e gestão governamental para compor o quadro de gestão dessas instituições.

Não sendo ainda possível afirmar categoricamente em que direção pretende caminhar o governo do presidente Lula pelo que já foi examinado, acreditamos que o modelo das agências reguladoras realmente tem muito a contribuir, desde que algumas correções sejam realizadas.

Pelo que foi visto anteriormente, tendo como referência a recente experiência brasileira, arrolamos os aspectos que entendo necessitarem de aperfeiçoamentos ou atenção especial por parte dos especialistas:

- a votação de um marco legal para o setor seria muito importante, especialmente se for possível garantir um alto nível de autonomia em relação ao governo, com barreiras adicionais no sentido de evitar o perigo de captura pelos setores regulados;
- a garantia dos recursos orçamentários necessários ao funcionamento das agências é de vital importância, é condição imprescindível para o fortalecimento do sistema de regulação;
- todo esforço de institucionalização e desenvolvimento da estrutura técnica, gerencial, operacional e administrativa deve ser redobrado, tornando-se alvo prioritário e estratégico da ação estatal;
- todo empenho deve ser empreendido no sentido de fortalecer as carreiras de regulação, com um aumento substancial dos níveis salariais;

> afastar totalmente a escolha dos dirigentes das agências do balcão clientelista da administração pública brasileira, reconhecendo que não há boa estrutura legal que resista às investidas vorazes dos homens públicos brasileiros, com honrosas exceções.

Finalizando esta parte do livro, faremos apenas uma menção ao processo de criação das agências reguladoras nos estados da Federação. No âmbito estadual, a primeira agência criada foi a Agência Estadual de Regulação dos Serviços Delegados do Rio Grande do Sul (Agergs), criada através da Lei nº 10.931, de 9 de janeiro de 1997. Como na maioria dos estados federados, a agência do Rio Grande do Sul é multissetorial, ou seja, uma mesma agência faz a regulação de vários serviços como transportes, energia, distribuição de gás, telecomunicações, entre outros. De modo geral, diante das dificuldades financeiras, técnicas e gerenciais dos estados, optou-se por agregar todas as áreas em uma única agência de regulação.[26]

Apesar da heterogeneidade das experiências subnacionais, podemos afirmar que a implantação do modelo no plano estadual tem encontrado as mesmas dificuldades e desafios observados no plano federal, mas de modo ainda mais agudo e intenso. Nesse sentido, as limitações anteriormente apontadas quanto à carência de profissionais com autonomia funcional e bom preparo técnico são potencializadas no plano estadual, que enfrenta problemas seriíssimos nessa área específica. Em linhas gerais, em comparação com a União, os servidores estaduais são menos qualificados e possuem formação técnica inferior, consistindo em um importante gargalo a ser superado quando se pensa em implantar um novo arranjo institucional complexo como as agências reguladoras.

Também limitações administrativas, gerenciais e orçamentárias dificultam a implantação das agências nos estados, que enfrentam dificuldades enormes dos pontos de vista financeiro e fiscal. Geralmente, em uma média para os entes subnacionais, são enormes os déficits fiscais enfrentados, e os gastos com pessoal ultrapassam os limites estabelecidos pela lei de responsabilidade fiscal, exigindo grandes ajustes que acabam inviabilizando o fortalecimento institucional que os órgãos de regulação necessariamente requerem.

Por outro lado, pelo grande poder político concentrado nas mãos do Executivo estadual, a tarefa de criação de entidades públicas institucionalmente autônomas e fortalecidas é dificultada nos estados, que carecem dos *checks and balances*

---

[26] Para uma análise mais detalhada das experiências estaduais, ver Peci e Cavalcanti, 2000.

encontrados no nível federal. Também do ponto de vista do controle social é mais árida a tarefa de criação de agências nos estados, uma vez que os governadores têm menor visibilidade política em comparação com o Executivo municipal ou federal.[27]

Assim, pelos aspectos acima arrolados, entendo que o processo de criação de agências reguladoras no nível estadual é ainda mais problemático e desafiador, uma vez que as dificuldades apontadas ao longo desse capítulo relativas ao plano federal são potencializadas, criando obstáculos enormes para essa complexa empreitada da administração pública brasileira.

---

[27] Esse argumento desenvolvido por Abrucio (1998) é mais trabalhado no capítulo seguinte.

CAPÍTULO VII

Quadro-resumo da contratualização no governo federal

	Agência reguladora	Agência executiva	Organização social	Oscip
Marco legal	Projeto de lei ainda não foi votado. Lei nº 9.986, de 18-7-2000, disciplina o quadro de pessoal	MP nº 1.549-38, de 31-12-1997. Lei nº 9.649, de 27-5-1998. Decretos nºs 2.487 e 2.488, ambos de 2-2-1998	MP nº 1.591, de 9-10-1997. Lei nº 9.637, de 15-5-1998	Lei nº 9.790, de 23-3-1999, regulamentada pelo Decreto nº 3.100, de 30-6-1999
Constituição	Criada por lei	Qualificada por decreto presidencial	Qualificada por decreto presidencial	Qualificada pelo Ministério da Justiça
Regime de compras	Lei nº 8.666, de 21 de junho de 1993. Podem instituir regimes próprios, observada a Lei nº 8.666	Lei nº 8.666, de 21 de junho de 1993, com limite de dispensa dobrado	Regulamento próprio em 90 dias, da assinatura do contrato de gestão (art. 17)	Regulamento próprio em 30 dias, depois de assinado o termo de parceria (art. 14)
Contrato de gestão	Obrigatório apenas para três agências (Aneel, Anvisa e ANS)	Obrigatório	Obrigatório	Metas, objetivos e desempenho previstos no termo de parceria
Dotação orçamentária	Recursos próprios e do orçamento da União	Recursos próprios e do orçamento da União	Recursos próprios e do orçamento da União	Orçamento próprio ou recursos dos termos de parceria
Regime de trabalho	RJU e emprego público regido pela CLT (Lei nº 9.986/00)	RJU e CLT	CLT, com possibilidade de cessão de servidores públicos (art. 14)	CLT
Personalidade jurídica	Autarquia de regime especial	Autarquia de direito público	Direito privado sem fins lucrativos	Direito privado sem fins lucrativos
Órgão de direção	Conselho de Administração	Organograma de acordo com a legislação	Conselho de administração (com representantes do poder público)	Livre, mas com a necessidade de conselho fiscal
Escolha dos dirigentes	Nomeação pelo presidente, com aprovação do Senado	Nomeação livre dos dirigentes	Conselho indica os diretores.	Livre
Quantidade existente	9	1	6	3.010*

*Atualizado até 29 de julho de 2005.

CAPÍTULO VIII
Experiência de contratualização em Minas Gerais

Em Minas Gerais, também houve uma reforma constitucional que incorporou vários aspectos relevantes da EC nº 19, de 4 de junho de 1998, que implantou a reforma administrativa no âmbito do governo federal. Originalmente prevista no Plano Diretor e posteriormente incorporada na CF/88 pela Emenda nº 19, a busca por maior autonomia gerencial, através do processo de contratualização, também é integralmente introduzida na Constituição do Estado de Minas Gerais. Através da EC nº 49, de 13 de junho de 2001, o esforço em delegar mais autonomia orçamentária, financeira e administrativa a determinados órgãos públicos ganha novo impulso. Vejamos literalmente como ficou redigido o §10 do art. 14 da Constituição do Estado de Minas Gerais:

> A autonomia gerencial, orçamentária e financeira dos órgãos e das entidades da administração direta e indireta poderá ser ampliada mediante instrumento específico que tenha por objetivo a fixação de metas de desempenho para o órgão ou entidade.

A título de informação, repare que não há menção específica na legislação versando sobre o conceito de contrato de gestão, deixando aberta a possibilidade de adoção de outros instrumentos jurídicos. No caso mineiro, antes mesmo que o Congresso Nacional regulamentasse o §8º do art. 37 e o §7º do art. 39 da CF/88, foi votada pela Assembléia Legislativa uma lei disciplinando o processo de contratualização na administração pública estadual. Dessa maneira, a Lei nº 14.694, de 30 de julho de 2003, posteriormente modificada pela Lei nº 15.275, de 30 de julho de 2004, disciplinou a avaliação de desempenho institucional, o acordo de resultados, a autonomia gerencial, orçamentária e financeira e a aplicação de recursos orçamentários provenientes de economia com despesas correntes no âmbito da administração pública estadual.

Em comparação com a experiência federal de contratualização, a legislação mineira apresenta algumas especificidades consideráveis que merecem ser destacadas. Em primeiro lugar cabe lembrar que, em determinados aspectos, a legislação estadual avançou mais do que a própria legislação da União, principalmente quanto à possibilidade de distribuir aos servidores prêmios de produtividade por economia de despesas dos órgãos. Como dito anteriormente, a EC nº 19, de 4 de junho de 1998, em seu art. 39, §7º, prevê a possibilidade de distribuição de prêmio de produtividade aos servidores em função da economia obtida com as despesas correntes de cada órgão.

O objetivo da legislação, naturalmente, é envolver o servidor em campanhas de racionalização de custos e diminuição das despesas de custeio, como contas de água, luz, xerox, limpeza, segurança armada etc., prática consagrada na iniciativa privada. Acontece que, no plano federal, para ser aplicado, esse artigo da CF/88 precisa ser regulamentado por uma legislação infraconstitucional. Até hoje, por falta de vontade política, essa legislação não foi ainda editada, tornando sem efeito ou aplicabilidade prática esse importante instrumento gerencial disponibilizado pela reforma administrativa.

É precisamente nesse aspecto importante que a legislação estadual avançou em relação à experiência federal de contratualização, uma vez que a Lei nº 14.694, de 30 de julho de 2003, e seus decretos regulamentadores tratam especificamente da distribuição de prêmios de produtividade através de duas modalidades básicas: ampliação real da arrecadação de receitas da administração pública estadual (art. 32) e economia com despesas correntes (art. 29). Mais adiante faremos algumas considerações acerca das dificuldades iniciais que o governo do estado de Minas Gerais tem encontrado na operacionalização desses instrumentos gerenciais, mas é importante registrar que, nesse aspecto específico, houve um avanço considerável da legislação mineira em relação às regras aplicáveis no nível da União.

Outro diferencial de Minas Gerais em relação à União e ao próprio processo de contratualização do estado de São Paulo é a ausência da figura jurídica das OSs, o que pode entendido, sob alguns aspectos, como uma proposta mais ousada e profunda de mudança na atuação da administração pública. Assim, em Minas Gerais temos apenas duas formatações jurídicas no processo de flexibilização das regras administrativas: a figura do contrato de gestão, genericamente denominado pela legislação mineira de "acordo de resultados" e a regulamentação do terceiro setor através das Oscips. De forma geral, o acordo de resultados serviria para disciplinar os contratos de gestão entre os órgãos da própria administração pública mineira, e a lei das Oscips regulamentaria o relacionamento do estado com entidades de direito privado.

Entendendo a figura jurídica das OSs como intermediárias entre as entidades essencialmente públicas (secretarias, ministérios, fundações, autarquias etc.) e as Oscips (entidades de direito privado que não têm regularmente financiamento público, leia-se previsão orçamentária), a experiência mineira pode ser entendida como mais ousada em relação à federal. É mais audaciosa na medida em que possibilita a transferência direta de grande quantidade de recursos para instituições totalmente desvinculadas da administração pública, apesar de muitas vezes essas Oscips dependerem quase que integralmente dos recursos públicos para se manterem. A questão da dependência total das Oscips em relação ao orçamento público representa uma discussão polêmica e crucial, que será empreendida quando, mais adiante, tratarmos de maneira mais detalhada da experiência mineira.

Também é oportuno ressaltar que as experiências de contratualização e agencificação, que necessariamente exigem um elevado nível de controle social, enfrentam uma dificuldade adicional quando reproduzidas e implantadas nos estados da Federação. Em trabalho clássico, Abrucio (1998) aponta como os controles sociais e institucionais funcionam mais precariamente no nível estadual, que relativamente apresenta menor visibilidade em relação à União e aos próprios municípios. Até mesmo em função da natureza da carga tributária brasileira, os estados da Federação deixam de estabelecer uma relação política mais direta com a população. Como os principais tributos arrecadados pela União e municípios são diretos, ao contrário do Imposto sobre Circulação de Mercadorias e Serviços (ICMS), que é cobrado indiretamente, o cidadão identifica mais facilmente para qual ente ele está recolhendo os impostos, possibilitando uma cobrança maior sobre a administração pública. Nessa direção, Abrucio (1998:23) reproduz uma pesquisa apontando que o interesse pela política estadual é bem menor quando em comparação com os níveis federal e municipal. Enquanto 16,6% dos entrevistados se interessavam mais pela política municipal e 37,7% pela federal, apenas 8,5% dos cidadãos se preocupavam mais com o plano político estadual, explicando, em parte, a pouca visibilidade dos estados. Vejamos como o autor expõe a questão:

> Se o federalismo estadualista explica em grande medida o poderio dos governadores no plano nacional, no âmbito interno dos estados a força dos chefes dos Executivos estaduais resultou da formação de um sistema político ultrapresidencialista. O ultrapresidencialismo estadual brasileiro constituído na redemocratização tinha três características básicas: a) o Executivo controlava o processo decisório em toda a sua extensão; b) os outros poderes não constituíam *checks and balances* sobre o Executivo; c) o governador era o verdadeiro centro das decisões do governo, não havendo a

dispersão de poder que acontecia no nível federal na relação entre presidente e ministros.

Ao desenvolver o livro, Abrucio (1998) aponta uma tendência de enfraquecimento do federalismo estadualista a partir do governo Fernando Henrique, ressaltando que o ultrapresidencialismo dos governadores continua a pleno vapor. Diante desse contexto político, entendo que as experiências estaduais de contratualização e agencificação, que tanto dependem da mobilização da sociedade e do funcionamento do sistema de freios e contrapesos, enfrentam problemas adicionais sérios, expondo em demasia a administração pública e abrindo portas para o clientelismo e a corrupção.

É precisamente neste contexto que alertamos para a necessidade de se desenvolverem mecanismos adicionais de controle e acompanhamento dos contratos e das agências criadas no nível estadual, historicamente menos visível para a população. A combinação entre pouca visibilidade política e alta concentração de poder dos executivos estaduais pode ser fatal para as experiências subnacionais de contratualização, que estão mais suscetíveis a sucumbir à corrupção e ao patrimonialismo.

Realizadas essas considerações iniciais, vamos empreender agora uma análise mais minuciosa da considerável experiência mineira que, com dados atualizados até 3 de fevereiro de 2006, contava com 18 contratos de gestão assinados (em um universo de aproximadamente 79 instituições elencáveis), 59 entidades qualificadas como Oscips e cinco termos de parceria firmados entre a administração pública e o terceiro setor.

Naturalmente, um trabalho dessa natureza inspira muita cautela, uma vez que, apesar de já volumosa em número de acordos de resultados assinados, a experiência mineira é ainda muito recente, restando como temerário qualquer esforço no sentido de se fazer uma avaliação mais definitiva desse processo. Assim, o que se pretende com esse trabalho é apenas e tão-somente abordar os problemas mais evidentes e apontar as tendências que já se delineiam, fornecendo uma massa crítica que pode servir de subsídio para o aperfeiçoamento do complexo processo de contratualização.

CAPÍTULO IX Acordo de resultados em Minas Gerais

Dentro de um conjunto de ações mais amplo e profundo denominado "choque de gestão", o governador de Minas Gerais, Aécio Neves, assume o Palácio da Liberdade em 1º de janeiro de 2003 determinado a implementar uma transformação profunda no marco legal de atuação da administração pública mineira. Nesse sentido, busca-se equacionar as combalidas finanças estaduais com uma política fiscal austera, que implicou cortes de cargos de confiança, introdução das compras eletrônicas através do pregão, estabelecimento de um teto para o funcionalismo do Executivo estadual, reestruturação administrativa de secretarias, entre outras medidas. Naturalmente, o objetivo desse conjunto de ações tem sido a busca por uma ação mais eficiente e racional da administração pública. Nesse contexto, a preocupação básica tem sido a procura do equilíbrio fiscal das finanças estaduais, emblematicamente representada pelo esforço em atingir o déficit zero do orçamento do estado de Minas Gerais.

Em linhas gerais, vários dos programas e medidas adotados pelo governo mineiro no âmbito mais amplo do "choque de gestão" projetam no estado a experiência administrativa dos dois mandatos do presidente Fernando Henrique Cardoso (1995-2002). Naturalmente, pelo fato de ambos (FHC e Aécio Neves) serem quadros expressivos do Partido da Social Democracia Brasileira (PSDB), houve um esforço no sentido de trazer para Minas Gerais algumas experiências implementadas no governo federal.

Até mesmo do ponto de vista dos quadros dirigentes, constatamos uma estreita proximidade entre as experiências federal e estadual. Exemplos desse esforço de introdução da experiência acumulada na Esplanada dos Ministérios no governo de Minas podem ser buscados até mesmo nas trajetórias pessoais do titular da Secretaria de Planejamento e Gestão, Antônio Augusto Anastasia, e da secretária-adjunta, Renata Vilhena, que desempenharam papéis importantes em Brasília durante o governo Fernando Henrique.

Como dito anteriormente, a legislação mineira que trata especificamente da contratualização de desempenho é bastante avançada, especialmente pela introdução do prêmio de produtividade, matéria que ainda não foi regulamentada no âmbito da União — não houve a regulamentação do art. 39, §7º, que textualmente diz:

> Lei da União, dos Estados, do Distrito Federal e dos Municípios disciplinará a aplicação de recursos orçamentários provenientes da economia com despesas correntes em cada órgão, autarquia e fundação, para aplicação no desenvolvimento de programas de qualidade e produtividade, treinamento e desenvolvimento, modernização, reaparelhamento e racionalização do serviço público, inclusive sob a forma de adicional ou prêmio de produtividade).

Assim, a Lei nº 14.694, de 30 de julho de 2003, disciplina, no âmbito estadual, a avaliação de desempenho institucional, o acordo de resultados, a autonomia gerencial, orçamentária e financeira e a aplicação de recursos orçamentários provenientes de economias com despesas correntes no âmbito do Poder Executivo. É interessante observar que o instrumento do contrato de gestão, em princípio, foi pensado e desenvolvido para envolver um órgão da administração direta e outro da administração indireta, buscando ganhos de eficiência através do controle finalístico, no caso do direito positivo brasileiro, através da supervisão ministerial.

Com a EC nº 19, de 4 de junho de 1998, existe atualmente a possibilidade de celebração de contratos entre órgãos da mesma administração direta, como tem acontecido amplamente no estado de Minas Gerais. Analisando a juridicidade da questão, Di Pietro (2005) tem apontado que os contratos assinados atualmente se aproximam mais da figura dos convênios, pois na maior parte das vezes os órgãos da administração direta acordantes não são dotados de personalidade jurídica própria. Assim, não raro, os signatários representam a mesma pessoa jurídica na assinatura dos contratos de gestão, em flagrante antagonismo com o espírito inicial dos contratos, em que as partes usualmente têm interesses e objetivos distintos.

Em seguida faremos um esforço no sentido de detalhar o marco legal, apontando algumas das características mais marcantes da legislação que disciplina o processo de contratualização no estado de Minas Gerais, genericamente conhecido como acordo de resultados. Como o objetivo principal do processo de contratualização é a procura por maior liberdade gerencial, a contrapartida do acordo de resultados será o enquadramento do órgão ou da entidade em normas especiais, mais flexíveis, estabelecidas em leis ou atos infralegais. Vejamos em detalhes as partes consideradas mais marcantes da legislação mineira.

- Art. 9º – Para o acompanhamento e a avaliação do acordo de resultados, o acordante contará com o apoio de CAAs instituída por seu dirigente máximo em ato próprio e integrada, obrigatoriamente, pelos seguintes membros: I – representante do acordante; II – representante de cada interveniente, quando houver, por ele indicado; III – representante da Secretaria de Estado de Planejamento e Gestão de Minas Gerais (Seplag), indicado por seu titular; IV – representante dos servidores do órgão ou entidade acordados. A preocupação com as CAAs já foi alvo de comentários em outra parte do livro. Apenas enfatizamos mais uma vez a necessidade de se criar uma CAA com alta capacidade técnica e autonomia funcional e política. No caso específico de Minas Gerais, como a Seplag tem assento em todas as comissões, cria-se a oportunidade de desenvolver uma cultura e expertise de avaliação, cruciais para o sucesso dos acordos de resultados. Antecipando e até mesmo reconhecendo a dificuldade em encontrar técnicos qualificados para compor as comissões, a lei prevê (art. 12) a possibilidade de contratar especialistas externos para ajudarem nos trabalhos de acompanhamento e avaliação.
- Art. 16 – Os créditos orçamentários necessários ao cumprimento do acordo de resultados serão liberados em conformidade com o cronograma de desembolso, não ficando sujeitos a contingenciamento ou outra forma de limitação administrativa. A única exceção prevista na lei é relativa à observância da Lei de Responsabilidade Fiscal. Naturalmente, escapar dos contingenciamentos, tão usuais na administração pública, é um enorme atrativo para os órgãos e instituições, não fazendo sentido cobrar cumprimento de metas e acordos em um contexto de insegurança orçamentária.
- Art. 22, parágrafo único – Será censurado, nos termos de regulamento, o dirigente responsável por órgão ou entidade que tiver desempenho insatisfatório em: I – duas avaliações sucessivas; II – três avaliações intercaladas em uma série de cinco avaliações consecutivas; III – quatro avaliações intercaladas em uma série de 10 avaliações consecutivas. Nesse aspecto específico, a legislação me pareceu absolutamente desnecessária e sem efeito prático. Em primeiro lugar, não há a especificação clara do que se chamou de censura pública dos dirigentes. Depois, e substancialmente mais importante, por se tratar de altos dirigentes ocupantes de cargos de confiança, ou seja, de livre nomeação e exoneração, por que não afastar de vez o dirigente que não obtiver os resultados gerenciais

esperados? Nesse caso, não existe punição melhor e mais eficiente do que a exoneração, já prevista na legislação atual, não fazendo sentido algum esperar por uma série de resultados negativos para fazer uma punição que não tem efeito prático nenhum.

- Art. 26 – O artigo que trata da ampliação da autonomia gerencial, orçamentária e financeira dos órgãos que assinam o acordo de resultados enumera as seguintes vantagens: I – abrir créditos suplementares até o limite de 10% (o usual é 2% para os demais órgãos); II – efetuar a alteração dos quantitativos e da distribuição dos cargos de provimento em comissão; III – editar regulamentos próprios de avaliação de desempenho dos seus servidores, observadas as diretrizes da Seplag; V – aplicar os limites estabelecidos no parágrafo único do art. 24 da Lei Federal nº 8.666, de 21 de junho de 1993, alterada pela Lei Federal nº 9.648, de 27 de maio de 1998 (dobra para 20% os limites para dispensa de licitação, usualmente estabelecido em 10%, como visto no início do livro).
- Arts. 29 a 34 – Tratam da distribuição de prêmio por produtividade a ser repassado aos servidores dos órgãos que assinaram acordos de resultados. O valor do prêmio de produtividade é apurado de duas maneiras: pela economia com despesas correntes (art. 29) e pela ampliação real da arrecadação de receitas (art. 32). Ao longo dos artigos, há um detalhamento de como será apurado e distribuído o prêmio por produtividade. Destaque-se que no cálculo da ampliação real da receita os valores provenientes da aplicação de multas deverão ser excluídos (art. 32, §8º). Do mesmo modo, a economia gerada com despesas correntes não poderá ser atingida pela redução de metas (art. 30, §2º). Algumas observações mais detalhadas precisam ser empreendidas sobre essa complexa matéria.

Em primeiro lugar, cabe destacar certo antagonismo inerente aos acordos de resultados: o objetivo maior e último é sempre buscar graus mais elevados de desempenho institucional, o que não deixa de ser mais difícil, tendo-se em vista a busca pela redução das despesas correntes dos órgãos. Evidentemente, as metas estipuladas nos acordos de resultados deverão prever o incremento da ação estatal, com a ampliação dos resultados institucionais do acordado.

Nesse contexto, a busca pela redução de despesas encontra um duplo desafio no que se refere ao ganho de performance:

- aumentar o desempenho com o mesmo orçamento da instituição já é um ganho de produtividade;
- por outro lado, aumentar o desempenho com contenção de despesa representa um duplo ganho de produtividade. Naturalmente, em um contexto como esse, a contenção de despesas correntes dos órgãos torna-se muito difícil, representando uma meta muito arrojada de se conseguir, especialmente desafiadora para os padrões da administração pública brasileira.

É sempre importante lembrar que a cultura dominante na administração pública brasileira é muito refratária à racionalização dos gastos governamentais. Pela própria deficiência de se implantar uma cultura republicana no Brasil há, especialmente na administração pública, o entendimento disseminado de que o bem público não tem dono, em evidente contraste com percepção mais apropriada de que o bem público é de todos. É exatamente esse caldo de cultura que explica a pouca preocupação com a criação de uma arena republicana na vida pública brasileira, tornando os espaços públicos uma terra de ninguém nas cidades brasileiras.

Dessa forma, pelas observações já levantadas, a distribuição de prêmios de produtividade por economia de despesas torna-se bastante difícil na implantação dos acordos de resultados. De qualquer forma, são importantes a tentativa e a possibilidade que a legislação alberga no sentido de implantar e difundir uma visão mais gerencial na administração pública, representando enorme inovação em toda legislação que organiza e estrutura o Estado brasileiro em todos os seus níveis de governo e poderes.

O outro instrumento previsto para a distribuição de prêmio por produtividade, o aumento real da arrecadação de receitas, por outro lado, é ao mesmo tempo mais restrito e fácil de ser conseguido. É naturalmente mais restrito por apenas ser aplicável aos órgãos que têm receitas próprias, excluindo, em princípio, as instituições voltadas para as áreas sociais, como saúde e educação, gerando distorções importantes, como veremos adiante.

Por outro lado, o aumento da arrecadação de receitas é sempre mais fácil, em função de uma gama variada de fatores. Nas últimas décadas, agências internacionais como o Bird têm financiado vários projetos de modernização da administração pública. Em sua grande maioria, esses projetos estão voltados para as áreas de modernização tributária, importando em significativos investimentos no desenvolvimento de programas, softwares, aquisição e modernização dos parques de informática, entre outras ações. De modo geral, as áreas mais modernas e eficientes da administração pública são as responsáveis pela arrecadação, quer em nível municipal, estadual ou federal. Por cuidarem diretamente da arrecadação, as secretarias da receita recebem os investimentos mais significativos e possuem os servidores mais capacitados e mais bem remunerados, entre outras vantagens comparativas.

Também experimentamos nas últimas décadas um vertiginoso aumento da carga tributária brasileira, chegando aos inacreditáveis 38% do PIB em 2005, padrão elevadíssimo para os níveis internacionais, especialmente para países em desenvolvimento como o Brasil. Assim, nesse contexto de voracidade tributária, as metas relacionadas ao aumento de receitas não me parecem muito difíceis de serem atingidas, por estarem em perfeita sintonia com a cultura "arrecadatória" (ou quase "confiscatória") que domina o Estado brasileiro.

Por fim, cabe destacar que o próprio crescimento da economia, por si só, é fator importantíssimo na determinação do incremento da arrecadação, que pode aumentar significativamente sem que nenhuma ação mais determinada tenha sido arquitetada, formulada ou empreendida pela administração pública.

Esse quadro que delineamos implica uma série de complicações que precisam ser equacionadas no sentido de viabilizar e democratizar a distribuição do prêmio de produtividade. De início, é importante frisar que a área social, que usualmente não possui receitas próprias, é a grande prejudicada nesse contexto, operando apenas com a parte mais árida e difícil de ser conseguida nos acordos de resultados, ou seja, para distribuir prêmios de produtividade, depende inteiramente da redução das despesas correntes.

Deixando temporariamente de lado a questão das instituições que assinaram acordos de resultados e dos próprios servidores para focar apenas o cidadão, é possível dizer que a contratualização, em princípio, tende a privilegiar o Estado em detrimento da sociedade. Pelo que vimos anteriormente, é bem provável que o acordo de resultados seja mais bem-sucedido nas situações em que o Estado esteja exigindo que a sociedade cumpra com suas responsabilidades legais. Na outra ponta, quando a administração pública deve atuar em favor da sociedade, especialmente para os setores menos favorecidos que dependem integralmente dos serviços públicos gratuitos disponibilizados pelo Estado, as pressões culturais e legais para que o acordo de resultados seja bem-sucedido são significativamente menores.

A curta e recente experiência mineira já aponta para essas dificuldades, haja vista que os servidores que mais se beneficiaram pela distribuição do prêmio por produtividade são os da Secretaria da Receita Estadual, que tradicionalmente abriga os melhores e mais bem remunerados servidores do estado. O problema já foi constatado e tem sido alvo de preocupações por parte da Seplag, que estuda instituir um fundo geral dos órgãos do estado para realizar o pagamento dos prêmios por produtividade. Entre todos os órgãos que já assinaram o acordo de resultados, as melhores distribuições ocorreram exatamente para os servidores mais bem remunerados do estado de Minas Gerais, que tradicionalmente têm mais força nas negociações salariais, em contraste com os servidores das áreas de saúde, educação, administração etc.

Nesse momento, acredito que a preocupação maior da Seplag deve ser evitar que o acordo de resultados se transforme em uma política salarial disfarçada e injusta, uma vez que tem propiciado ganhos diferenciados em favor das carreiras mais bem remuneradas e dos órgãos tradicionalmente mais bem estruturados dos pontos de vista administrativo e gerencial.

Ainda quanto à questão da distribuição dos prêmios de produtividade, é preciso observar que os estudos mais recentes afirmam que não necessariamente existe uma correlação estreita e direta entre remuneração e motivação profissional. A realidade tem demonstrado que outros fatores importantes, além da remuneração, também interferem na motivação das pessoas no ambiente de trabalho.

Em alguma medida, acredito que essa questão está muito presente na idéia geral dos acordos de resultados, inspirando uma avaliação mais realista quanto aos resultados dessa experiência na motivação dos servidores públicos estaduais. Em outras palavras, acredita-se em demasia no impacto do aumento da remuneração como fator motivacional, o que me parece uma crença um pouco descolada da realidade. Em trabalho clássico, Stephen Robbins (1999) assim expõe a questão:

> Pelo menos 30% da satisfação de um indivíduo podem ser explicados por hereditariedade. A análise de dados de satisfação de uma amostra selecionada de indivíduos por um período de 50 anos descobriu que resultados individuais foram coerentemente estáveis através do tempo, mesmo quando essas pessoas mudavam de empregador e de ocupação. Esta e outras pesquisas sugerem que uma porção significativa da satisfação de algumas pessoas é determinada geneticamente. Isto é, a disposição de um indivíduo para com a vida – positiva ou negativa – é estabelecida por sua constituição genética, mantém-se através do tempo e leva à sua disposição em relação ao trabalho.

A seguir, a título de informação, estão relacionados os 18 contratos de gestão assinados no estado de Minas Gerais, segundo a página www.planejamento.mg.gov.br, até o dia 3 de fevereiro de 2006.

- Órgão: Instituto de Pesos e Medidas de Minas Gerais (Ipem):
  Órgão supervisor: Secretaria de Estado de Ciência, Tecnologia e Ensino Superior (Sectes)
  Assinatura do acordo: 16 junho de 2005
  Órgãos intervenientes: Seplag, Secretaria de Estado da Fazenda (SEF) e Inmetro
- Órgão: Secretaria de Estado de Meio Ambiente e Desenvolvimento Sustentável (Semad)
  Órgão supervisor: governo do estado de Minas Gerais
  Assinatura do acordo: 9 de junho de 2005
  Órgãos intervenientes: Seplag e SEF
- Órgão: Instituto Mineiro de Agropecuária (IMA)
  Órgão supervisor: Secretaria de Estado da Agricultura, Pecuária e Abastecimento.
  Assinatura do acordo: 18 de abril de 2005
  Órgãos intervenientes: Seplag e SEF
- Órgão: Seplag
  Órgão supervisor: governo do estado de Minas Gerais
  Assinatura do acordo: 1º de dezembro de 2004
  Órgão interveniente: SEF
- Órgão: Instituto Estadual de Florestas (IEF)
  Órgão supervisor: Semad
  Assinatura do acordo: 4 de agosto de 2004
  Órgãos intervenientes: Seplag e SEF
- Órgão: Instituto Mineiro de Gestão das Águas (Igam)
  Órgão supervisor: Semad
  Assinatura do acordo: 5 de novembro de 2004
  Órgãos intervenientes: Seplag e SEF
- Órgão: Fundação Estadual do Meio Ambiente (Feam)
  Órgão supervisor: Semad
  Assinatura do acordo: 5 de novembro de 2004
  Órgãos intervenientes: Seplag e SEF
- Órgão: Fundação Centro de Hematologia e Hemoterapia do Estado de Minas Gerais (Hemominas)
  Órgão supervisor: Secretaria de Estado de Saúde de Minas Gerais
  Assinatura do acordo: 26 de outubro de 2004
  Órgãos intervenientes: Seplag e SEF

- Órgão: Subsecretaria da Receita Estadual da Secretaria de Estado de Fazenda (SER/SEF)
  Órgão supervisor: Secretaria de Estado de Fazenda de Minas Gerais
  Assinatura do acordo: 11 de agosto de 2004
  Órgão interveniente: Seplag
- Órgão: Fundação Ezequiel Dias (Funed)
  Órgão supervisor: Secretaria de Estado de Saúde
  Assinatura do acordo: 1º de agosto de 2005
  Órgãos intervenientes: Seplag e SEF
- Órgão: Auditoria Geral do Estado (Auge)
  Órgão supervisor: governo do estado de Minas Gerais
  Assinatura do acordo: 30 de setembro de 2005
  Órgãos intervenientes: Seplag e SEF
- Órgão: Secretaria de Defesa Social (Seds)
  Órgão supervisor: governo do estado de Minas Gerais
  Assinatura do acordo: 30 de setembro de 2005
  Órgãos intervenientes: Seplag e SEF
- Órgão: Instituto de Previdência dos Servidores do Estado de Minas Gerais (Ipsemg)
  Órgão supervisor: governo do estado de Minas Gerais
  Assinatura do acordo: 23 de setembro de 2005
  Órgãos intervenientes: Seplag e SEF
- Órgão: Superintendência de Vigilância Sanitária (Visa)
  Órgão supervisor: Secretaria de Estado de Saúde
  Assinatura do acordo: 1º de setembro de 2005
  Órgãos intervenientes: Seplag e SEF
- Órgão: Secretaria de Estado de Saúde
  Órgão Supervisor: governo do estado de Minas Gerais
  Assinatura do Acordo: 1º de setembro de 2005
  Órgãos intervenientes: Seplag e SEF
- Órgão: Advocacia Geral do Estado (AGE)
  Órgão supervisor: governo do estado de Minas Gerais
  Assinatura do acordo: 1º de julho de 2005
  Órgãos intervenientes: Seplag, SEF e Minas Gerais Participações S/A
- Órgão: Fundação Clóvis Salgado
  Órgão supervisor: Secretaria de Estado de Cultura
  Assinatura do acordo: 1º de janeiro de 2006
  Órgãos intervenientes: Seplag e SEF

▶ Órgão: SEF
Órgão supervisor: governo do estado de Minas Gerais
Assinatura do acordo: 23 de dezembro de 2005
Órgãos intervenientes: Seplag, Secretaria-Adjunta da SEF, Subsecretaria da Receita Estadual e Subsecretaria do Tesouro Estadual

Fazendo uma avaliação mais detalhada de um contrato de gestão específico, podemos identificar algumas características importantes da experiência mineira comuns aos demais acordos de resultados. O IEF assinou seu primeiro contrato de gestão em 4 de agosto de 2004. No anexo VI do mesmo contrato são arroladas as 19 flexibilidades gerenciais, orçamentárias e financeiras que sinteticamente mencionamos a seguir: mais autonomia na abertura de créditos suplementares; liberdade para edição de regulamentos próprios de avaliação de desempenho; readequação de estrutura e do regulamento do IEF; autorização prévia para contratação de pessoal em caráter temporário; admissão de estagiários até o limite de 200; aumento nos limites de dispensa de licitações; adoção da modalidade de consulta nas licitações quando não for possível utilizar o pregão; reversão de 50% do excesso de arrecadação; autorização do afastamento de servidores para participação em cursos de pós-graduação; definição da forma de controle de freqüência dos servidores; pagamento dos servidores no primeiro dia útil do mês subseqüente; concessão de seguro de vida coletivo aos servidores; alienação de bens e veículos inservíveis; dispensa de autorização da Seplag na aquisição de veículos; dispensa da autorização da Seplag para contratação de serviços de transportes; contratação de seguro contra terceiros para os veículos da frota do IEF; pagamento como autônomos aos servidores do IEF que forem cadastrados como instrutores em programas de treinamento; dispensa de autorização da Seplag para afastamento e redução de jornada de trabalho para participação de cursos de aperfeiçoamento e pós-graduação e valores especiais para pagamento de diárias.

Em primeiro lugar, cabe ressaltar que o conjunto de flexibilidades implantado em Minas Gerais é mais arrojado que o adotado no plano federal, especialmente se comparado com as autonomias presentes no contrato de gestão do Inmetro, por exemplo. A explicação é simples e está relacionada com os aspectos jurídicos e legais que envolvem o processo de contratualização. Reconhecendo que todo e qualquer aumento de flexibilidades esbarra nos limites impostos pela CF/88, é necessário reconhecer certas peculiaridades da situação específica de Minas Gerais. Acontece que, ao contrário da União, que não regulamentou o art. 37, §8º, da Constituição, com a redação dada pela EC nº 19/98, no estado de Minas Gerais houve a regulamentação disciplinando as autonomias gerenciais.

Destaque-se ainda que algumas das autonomias oferecidas não necessariamente precisariam de um contrato para serem implementadas, como a liquidação da folha de pagamentos no primeiro dia útil subseqüente. Entendo que muitas dessas flexibilidades poderiam ser alcançadas por simples portarias da Seplag, que teria como desenvolver e adotar instrumentos próprios para agilizar e simplificar o funcionamento da máquina pública estadual, sem a necessidade de recorrer à figura do acordo de resultados.

Elemento crucial para o sucesso de todo e qualquer processo de contratualização é a garantia de liberação dos recursos financeiros necessários para se atingirem as metas pactuadas. Nesse sentido, prevê o §2º da cláusula quarta do contrato de gestão do IEF que "cabe à Secretaria de Estado da Fazenda efetuar o repasse dos recursos financeiros em consonância com o cronograma previsto no Anexo V". Ressalte-se que a única exceção a essa obrigatoriedade está relacionada com o cumprimento da Lei Complementar nº 101, de 4 de maio de 2000.

Um problema comum que observamos em relação ao processo de contratualização em qualquer de suas variantes jurídicas, seja em nível federal ou estadual, está relacionado com o funcionamento das CAAs. A cláusula sétima, §5º, inciso I, do acordo de resultados do IEF prevê reuniões semestrais da CAA. Entendemos que essa regularidade é muito baixa diante das inúmeras tarefas envolvidas na avaliação de uma experiência de contratualização. Como dito anteriormente, é imprescindível aperfeiçoar e intensificar o processo de avaliação dos contratos para realmente implantar uma cultura de aferição e cobrança de resultados na administração pública brasileira. Nesse aspecto específico, destaco que a experiência mineira enfrenta os mesmos desafios encontrados no plano federal. Mais uma vez ressaltamos com ênfase: é crucial para a experiência de contratualização o desenvolvimento de ferramentas adequadas, objetivas e profissionais de avaliação, sob pena de se invalidar todo esforço envolvido nos processos de ampliação das flexibilidades administrativas do Estado brasileiro.

Outra novidade da experiência mineira está prevista no §3º da cláusula décima primeira, que determina que "o dirigente máximo do Acordado será censurado publicamente caso este Acordo de Resultados seja descumprido sem a devida justificativa". Como já detalhado oportunamente, considero desnecessária uma cláusula dessa natureza. Acredito que, por tratar-se de cargos de confiança, de livre nomeação e exoneração, o mais adequado nessa situação seria a exoneração imediata do gestor, que, por não atingir as metas pactuadas, já demonstrou ser um administrador público ineficiente, não fazendo justiça a uma segunda chance.

O grande desafio que caracteriza os processos de contratualização e aumento da autonomia gerencial e financeira dos órgãos públicos é demonstrar em que medida essa flexibilização repercute no desempenho da administração pública. Usualmente, a defesa do processo de contratualização é realizada pelo entendimento de que o marco legal da administração pública brasileira é muito burocrático e anacrônico, trazendo corrupção, morosidade e ineficiência.

Acontece que até hoje não há nenhum estudo que demonstre de maneira objetiva e clara o impacto que a flexibilização tem trazido aos órgãos públicos, estudo que seria de fundamental importância na avaliação dessa complexa experiência. Prova disso é a maneira como as flexibilidades são tratadas nos relatórios de avaliação dos contratos de gestão. O relatório do acordado relativo ao período de janeiro a junho de 2005 elaborado pelo IEF é pedagógico nesse sentido. Vejamos literalmente como são tratadas as flexibilidades:

> O IEF vem utilizando adequadamente as autonomias estabelecidas pelo Acordo de Resultados e tem considerado de grande valia para agilizar as ações definidas para alcance das metas pactuadas.

Como facilmente podemos constatar, não existe nenhum esforço no sentido de estabelecer um nexo de causalidade entre as flexibilidades e o aperfeiçoamento da ação estatal. O mesmo relatório aponta para algumas dificuldades em relação à distribuição dos prêmios de produtividade, que utilizaria uma metodologia considerada inoperante na apuração dos montantes a serem distribuídos entre os servidores. De modo geral, os relatórios não entram em detalhes quanto à distribuição dos bônus de produtividade, não sendo possível aferir adequadamente o quanto tem sido repartido entre os servidores. Nos documentos disponíveis, não há menção confiável quanto ao método de apuração, o valor realmente pago aos servidores e, o que me parece crucial, o impacto da distribuição do bônus no desempenho do órgão.

É também importante lembrar que o bônus de produtividade pode ser distribuído em função do aumento da receita ou economia de despesas de custeio, mas no acordo do IEF não existe meta ou esforço no sentido da contenção de despesas. Essa constatação corrobora duas preocupantes tendências já mencionadas neste livro:

- a tradição da administração pública brasileira em não enfrentar com afinco o problema da contenção dos gastos públicos, tarefa sempre adiável em função do constante aumento da carga tributária;
- e, em função da primeira característica, a existência de uma afinidade eletiva entre os contratos de gestão e os órgãos que possuem arrecadação própria.

No caso específico do IEF, tanto o relatório do acordado quanto o da CAA não fazem nenhum esforço para averiguar a efetividade do contrato do gestão, ou seja, não se sabe exatamente o quanto a atuação do IEF tem realmente impactado positivamente na sociedade. Partindo do pressuposto de que não existe nada mais ineficiente do que fazer com eficiência o que simplesmente não precisa ser realizado, é preciso caminhar nesse sentido para o aprimoramento dos contratos de gestão e da administração pública.

Uma análise descuidada dos números encontrados nas metas de desempenho pode ser enganosa do ponto de vista da efetividade dos contratos de gestão. Uma das metas do acordo de resultados do IEF previa a capacitação de 1.180 servidores em 2005. De alguma forma, deveríamos caminhar no sentido de tentar averiguar o impacto qualitativo desses cursos de treinamento sobre o órgão, discutindo se os mesmos foram os mais adequados, se corresponderam às necessidades dos servidores e da instituição, se foram adequadamente ministrados, entre outros aspectos relevantes. Dessa maneira, a simples análise do número de servidores qualificados diz pouco acerca do impacto do contrato de gestão sobre a administração pública e seu desempenho institucional. Importante destacar que essa dificuldade é comum a todas as experiências de contratualização, devendo ser objeto de análise e aperfeiçoamento por parte dos gestores responsáveis pela implantação desses novos modelos de operação da administração pública.

CAPÍTULO X   Oscips em Minas Gerais

No estado de Minas Gerais, a Lei nº 14.870, de 16 de dezembro de 2003, dispõe sobre a qualificação de pessoa jurídica de direito privado sem fins lucrativos como Oscip. Na maior parte das situações, a legislação estadual aproxima-se muito do marco legal desenvolvido no plano federal, com algumas distinções que apontaremos adiante. Outro importante dispositivo legal intimamente relacionado com o tema é o Decreto nº 43.749/2004, que regulamenta o termo de parceria. Antes dele, também disciplinava a matéria o Decreto nº 43.674, de 4 de dezembro de 2003. Como mencionado anteriormente, até o dia 10 de janeiro de 2006 havia 59 entidades qualificadas pela Seplag como Oscips, nas mais variadas áreas de atuação, sendo que cinco delas já assinaram o termo de parceria, estando aptas, portanto, a receber os repasses de verbas públicas.

Em relação à legislação federal, permanecem praticamente inalteradas as vedações (são proibidos sociedade comercial, sindicato, instituição religiosa, partidos políticos, entidade de benefício em proveito de um público restrito, empresas de planos de saúde, hospitais privados não-gratuitos, escolas particulares não-gratuitas, cooperativas, fundações públicas, organizações creditícias e entidade desportiva com fim empresarial) e as entidades elencáveis ou preferenciais desse novo formato jurídico. Nesse sentido, uma vasta gama de entidades está habilitada à qualificação. Podem se qualificar como Oscips entidades voltadas para as seguintes atividades: assistência social; cultura e patrimônio histórico; educação gratuita; saúde gratuita; segurança alimentar; meio ambiente; voluntariado; combate à pobreza; novos modelos socioprodutivos e de sistemas alternativos de produção, comércio, emprego e crédito; defesa dos direitos estabelecidos; defesa da ética, da paz e da cidadania; produção de conhecimentos técnicos e científicos e fomento ao esporte amador.

Em primeiro lugar, cabe destacar um aspecto importante com relação aos dados e à transparência do processo de criação de Oscips e o repasse de recursos através dos termos de parceria em Minas Gerais. Em comparação com a experiência federal, os dados disponibilizados pela Seplag na internet são muito mais ricos, transparentes e organizados, de fácil acesso e manuseio da informação. Já na página do Ministério da Justiça os dados são significativamente menos gerenciais, incompletos e mais esparsos, trazendo grande dificuldade quanto ao acesso à informação, crucial para o controle social, tão propalado e defendido pelos fautores da flexibilização das regras administrativas.

Analisando com mais critério a legislação que regulamenta as Oscips em Minas Gerais, encontramos algumas inovações importantes. Com esse intuito, façamos um detalhamento da Lei nº 14.870, de 16 de dezembro de 2003.

- Art. 3º – Pode qualificar-se como Oscip a pessoa jurídica de direito privado sem fins lucrativos, constituída há pelo menos dois anos, nos termos da lei civil, e em atividade, cujos objetivos sociais e normas estatutárias atendam ao disposto nesta lei. O texto destacado aponta uma preocupação muito relevante, posto que procura impedir que entidades com pouca tradição ou apenas iniciantes estejam aptas a receber recursos públicos, evitando o amadorismo e a malversação.
- Art. 5º, §2º – É vedado a parente consangüíneo ou afim até o terceiro grau do governador ou do vice-governador do estado, de secretário de estado, de senador ou de deputado federal ou estadual atuar como conselheiro ou dirigente de Oscip. Esse parágrafo é importante porque procura evitar as influências nefastas das relações políticas entre governantes (repassadores de recursos) e dirigentes de Oscip (recebedores de repasses públicos). Assim, cria-se relevante empecilho no sentido de coibir as já tradicionais relações patrimonialistas entre a administração pública e determinadas entidades politicamente bem constituídas e relacionadas. Quando da qualificação da Oscip, é exigida uma declaração dos dirigentes dizendo que cumprem os requisitos estabelecidos nesse artigo específico da lei.
- Art. 12, parágrafo único – Quando houver possibilidade de mais de uma entidade qualificada prestar os serviços sociais objetos do fomento, poderá ser realizado processo seletivo nos termos do regulamento. A introdução de mecanismos mais profissionais e republicanos na definição de entidades que receberão recursos públicos é sempre muito bem-vinda. Nesse aspecto, a legislação poderia ter avançado mais ainda, tornando o processo seletivo obrigatório, afastando totalmente a possibilidade de transferências de

recursos públicos a entidades tecnicamente incapazes, porém com dirigentes politicamente bem relacionados. Acrescente-se ainda que, em Minas Gerais, nenhum dos termos de parceria que foram assinados passou por esse processo seletivo de propostas, sinalizando que o instrumento poderá ser pouco utilizado, com prejuízo quanto à transparência e à efetividade na transferência de recursos públicos.

> Art. 14, §1º – Os resultados atingidos com a execução do termo de parceria serão analisados semestralmente, no mínimo, por comissão de avaliação integrada por representantes indicados pela Seplag e pelos conselhos de políticas públicas das áreas correspondentes de atuação e composta de comum acordo entre o órgão parceiro e a Oscip. A necessidade de avaliação do termo de parceria por uma comissão representa também mais um mecanismo no sentido garantir maior transparência no gasto público. A diferença em relação à legislação federal (art. 11, §1º, da Lei nº 9.790, de 23 de março de 1999) está na interveniência obrigatória da Seplag em todas as comissões de avaliação, o que pode possibilitar um aprendizado crucial no controle dos recursos repassados através dos termos de parceria.

Pelo fato de combinar em um único instituto legal o formato jurídico das OSs e das Oscips, a legislação mineira assumiu uma característica mais arrojada que a federal. Essa posição mais agressiva pode trazer benefícios, mas também pode resultar em dificuldades adicionais, especialmente quanto à questão do controle. Vejamos a seguir outros pontos da legislação mineira que merecem uma atenção especial.

> Art. 18 – Às Oscips serão destinados recursos orçamentários e, eventualmente, bens públicos necessários ao cumprimento do termo de parceria de que trata o Capítulo III desta lei, ressalvadas as hipóteses de inadimplência com o poder público ou de descumprimento das condições estabelecidas no termo. §1º – Os bens de que trata este artigo serão destinados às entidades parceiras mediante permissão de uso, consoante cláusula expressa no termo de parceria, dispensada a licitação. Esse dispositivo representa um passo audacioso, uma vez que possibilita a transferência do uso do patrimônio público por entidades privadas, abrindo perigoso precedente quanto aos efetivos mecanismos de controle que a administração possui para impedir a má utilização desse patrimônio público.

- Art. 20 – É facultada ao Poder Executivo a cessão especial de servidor civil para Oscip, com ou sem ônus para o órgão de origem, condicionada à anuência do servidor. Apenas na lei federal das OSs está prevista a cessão de servidores, representando um situação jurídica e administrativa inusitada, tendo em vista a natureza essencialmente de direito privado das Oscips, ainda que apresentem uma vocação voltada para o atendimento de demandas públicas.
- Art. 23 – As Oscips poderão executar, parcialmente, atividades e serviços de órgãos e entidades do Poder Executivo mediante a celebração de termo de parceria, na forma prevista nos arts. 12 e 13 desta lei. Parece-me claramente que houve uma excessiva liberalidade nesse artigo, que abre a possibilidade para que entidades de direito privado assumam tarefas de extrema relevância para a administração pública. Em princípio, como é amplo o campo de atuação das Oscips, esse artigo pode significar, em mãos pouco escrupulosas, um processo intenso de privatização do estado. O problema maior é que esse suposto processo de privatização passaria ao largo dos fóruns tradicionais de discussão, como o Parlamento, e também não obedeceriam aos procedimentos jurídicos e administrativos que normalmente um processo dessa envergadura exige.

No Brasil, como sempre existe uma distância considerável entre o espírito da legislação e sua real aplicação, algumas preocupações me parecem pertinentes em relação ao modelo de Oscips tal como implantado em Minas Gerais. A literatura especializada tem apontado um problema grave com o modelo das Oscips, que também observamos no caso mineiro. Acontece que a qualificação da Oscip é ato vinculado, ou seja, uma vez cumpridas as exigências administrativas elencadas na legislação, a autoridade pública fica obrigada a qualificar essa entidade, não cabendo nenhum juízo de valor ou conveniência por parte da administração pública.

Acontece que, ao contrário da qualificação, a escolha da entidade que receberá recursos públicos através do termo de parceria é ato discricionário. Mais precisamente, depende integralmente da vontade da autoridade dirigente do órgão repassador. Nessa situação o que prevalece é a decisão do gestor, que, de acordo com o direito administrativo, tem a competência e a discricionariedade para decidir sobre a conveniência e a oportunidade do ato. Observe que no caso mineiro, das 59 entidades qualificadas, apenas cinco receberam recursos através do termo de parceria. O fato é que, apesar de a lei mencionar explicitamente a possibilidade de haver concurso de projetos, até hoje nenhum repasse foi feito obedecendo a esse procedimento.

Como a lei é silente quanto às qualificações técnicas, profissionais, administrativas e patrimoniais exigidas das entidades recebedoras de recursos públicos, a escolha das Oscips contempladas fica sujeita a critérios subjetivos, pessoais, políticos e mesmo patrimoniais, uma vez que não existe nenhum critério definido para balizar essas escolhas. Vários autores apontam, com razão, que algum tipo de licitação, com a clara definição de critérios objetivos, seria necessário para respaldar a transferência de altos valores, de servidores e de patrimônio público para as Oscips escolhidas.

Esse me parece um ponto importantíssimo que precisa ser corrigido na atual legislação das Oscips, uma vez que as regras atuais são excessivamente frouxas e discricionárias, permitindo a malversação de recursos públicos. É inaceitável que grandes quantidades de recursos públicos sejam transferidas, sem critérios definidos e objetivos, para entidades de direito privado que não estão sujeitas aos controles tradicionais da administração pública.

A pequena experiência mineira já indica algumas dificuldades sérias que a administração pública enfrentará nesse contexto. Como explicitado, para se qualificar como Oscip a entidade deveria estar juridicamente constituída há pelo menos dois anos quando da publicação da lei regulamentadora. Naturalmente, o objetivo da lei é impedir que entidades com pouca ou nenhuma expertise, sem quadros técnicos reconhecidos, sem estrutura administrativa e sem tradição em sua área de atuação recebessem recursos públicos através do termo de parceria.

Pois bem, o mais vultoso termo de parceria até agora assinado em Minas Gerais foi com a Associação de Desenvolvimento da Radiodifusão de Minas Gerais (ADTV), prevendo repasses da ordem de R$ 17 milhões. É interessante notar que a ADTV foi juridicamente constituída apenas em 4 de outubro de 2005, já assinando o termo de parceria em 1 de dezembro de 2005. Acontece que, aproveitando uma brecha jurídica prevista na lei, o prazo mínimo de dois anos de criação da entidade não precisa ser observado. Literalmente, vejamos a redação do art. 28 da Lei nº 14.870: "Os prazos previstos no art. 3º e nos incisos III e IV do art. 7º desta Lei não serão exigidos nos dois anos subseqüentes à publicação desta Lei".

Naturalmente, a transferência de elevadas somas para uma entidade recémcriada contraria o espírito do legislador, levantando dúvidas quanto ao acerto da decisão de escolher uma entidade sem nenhuma tradição no mercado em que atua. Quais seriam realmente as capacidades técnica, administrativa e operacional de uma empresa tão nova criada exclusivamente em função de receber os recursos públicos transferidos através da assinatura do termo de parceria? Acredito que seja exatamente esse tipo de dúvida que não pode pairar sobre o modelo de intervenção estatal representado pelas Oscips, comprometendo definitivamente as chances de sucesso dessa nova experiência, que facilmente pode-se transformar em mais um duto de corrupção do Estado brasileiro, exponencialmente potencializado por um marco legal absolutamente flexível.

Dentro da Seplag, o núcleo que cuida das Oscips é formado por jovens gestores governamentais recentemente egressos da Fundação João Pinheiro, a escola de governo do estado de Minas. Apesar da boa formação acadêmica, esse grupo ficou mais encarregado da parte formal e burocrática do processo de qualificação das entidades, não representando realmente um corpo técnico com autonomia funcional e política para avaliar e efetivamente coordenar o processo de transferência de recursos públicos para as Oscips. Decididamente, as decisões relativas à escolha das entidades que deverão assinar os termos de parceria estão restritas aos dirigentes máximos dos órgãos repassadores. Como já dito, essas escolhas não estão efetivamente baseadas em análises mais cuidadosas sobre a capacidade técnica, operacional e administrativa das entidades, passando ao largo do grupo de gestores governamentais responsável pela qualificação das Oscips. Assim, no meu entendimento, não há o correto aproveitamento desse grupo de gestores, que, se valorizado institucionalmente, poderia contribuir muito no sentido de zelar pela adequada implantação dessa nova experiência no âmbito da administração pública estadual.

Apesar dos contratos de repasses serem recentes, no início de janeiro de 2006 não havia ainda dentro da Seplag uma estratégia bem planejada e concatenada de acompanhamento dos termos de parcerias, o que me parece um problema muito sério. Nesse sentido, a viabilização de uma equipe apta para fazer o adequado e necessário trabalho de acompanhamento dos termos de parceria seria de fundamental importância, evitando e coibindo práticas patrimonialistas no gerenciamento dos recursos repassados através dos termos de parceria.

Dessa forma, especialmente em uma experiência institucional nova como essa, o controle da execução do termo de parceria deveria ser concomitante com a liberação dos recursos, evitando fraudes e malversação em tempo real. Os órgãos de controle interno e os próprios tribunais de contas estão procurando realizar os trabalhos de auditoria durante a execução dos gastos, evitando identificar as fraudes apenas ao final dos contratos, quando praticamente mais nada poderá ser feito para preservar o patrimônio público. Portanto acredito que o controle dos termos de parceria deveria receber mais atenção dentro da Seplag, que deve criar um grupo específico para realizar as auditorias. Desnecessário dizer que esse grupo de trabalho necessita de alta capacidade técnica e autonomia funcional para realizar essa tarefa crucial de maneira isenta e eficiente. Didaticamente, no direito administrativo, o controle pode ser classificado, quanto ao momento em que se realiza, em três modalidades: prévio, concomitante e posterior à execução do gasto. No caso específico dos termos de parceria, o apelo é para que se realize o controle de maneira tempestiva, evitando a malversação logo no começo da execução das metas previstas no instrumento repassador. Seria um erro imperdoável deixar para realizar o controle depois de executado o orçamento repassado, especialmente considerando as flexibilidades que os dirigentes de Oscips encontram no gerenciamento desses recursos.

No quadro 5, relacionamos as 59 entidades qualificadas, na forma da lei, como Oscips no estado de Minas Gerais, atuando nas mais variadas áreas de políticas públicas, especialmente em educação, assistência social, saúde e meio ambiente.

Quadro 5
Entidades qualificadas, na forma da lei, como Oscips no estado de Minas Gerais

Entidade	Área de atuação
Agência do Programa de Desenvolvimento Sustentável do Centro-Oeste Mineiro (Prodescom)	Desenvolvimento econômico e social
Associação de Educadores e Profissionais Especializados – Criação	Assistência social
Associação de Proteção Ambiental, Saúde, Educação, Segurança Alimentar e Assistência Social (Apase)	Educação gratuita
Associação Mineira dos Portadores do Vírus de Hepatite C (Amiphec)	Saúde
Associação Mineira de Promoção de Entidades de Interesse Social de Minas Gerais (Ameis)	Assistência social
Associação Pró-Comunidade de Conquista	Assistência social
Associação Recreativa Dener	Assistência social de fomento ao esporte amador
Banco de Êxitos S/A	Assistência social
Centro de Artesanato Mineiro (Ceart)	Cultura
Centro de Estudos e Projetos Pedagógicos Helena Antipoff	Novos modelos socioprodutivos, estudos e pesquisas
Centro Preserv	Meio ambiente
Consórcio Intermunicipal de Saúde da Mantiqueira (Cisman)	Saúde
Fundação Matutu	Meio ambiente
Instituto Bioterra	Meio ambiente
Instituto Brasileiro de Administração (IBA)	Educação, assistência social

continua

Entidade	Área de atuação
Instituto Cultural Sérgio Magnani	Cultura
Instituto Horizontes	Meio ambiente, estudos e pesquisas
Instituto Mineiro de Desenvolvimento da Cidadania (IMDC)	Assistência social
Instituto Publix para o Desenvolvimento da Gestão Pública	Estudos e pesquisas, desenvolvimento da gestão pública
Instituto de Tecnologia de Prevenção de Desastres Naturais e Industriais (ITPD)	Estudos e pesquisas, trabalho voluntário
Nova Sociedade	Desenvolvimento econômico e social
ONG Verde Vida	Meio ambiente
Organização de Inclusão Social (OIS)	Assistência social
Organização para Educação e Extensão da Cidadania (ECO)	Meio ambiente
Organização Ponto Terra	Meio ambiente
Pró-Saúde Oscip	Saúde gratuita e assistência social
Sociedade Ciência e Democracia (SCD)	Estudos e pesquisas
Vale da Cidadania	Assistência social
Veni Creator	Saúde gratuita
Vila Formosa de Alfenas (Vifenas)	Assistência social e saúde gratuita
Agência de Desenvolvimento Econômico e Social de Araguari (Adesa)	Desenvolvimento econômico e social
Associação de Amigos da Biblioteca Pública Estadual Luiz de Bessa	Cultura
Associação de Desenvolvimento da Radiodifusão de Minas Gerais (ADTV)	Cultura
Agência de Desenvolvimento de Santa Maria de Itabira (ADSMI)	Desenvolvimento econômico e social
Associação de Prevenção e Recuperação de Dependentes e Redução de Danos (Acalanto)	Assistência social
Associação Face a Face com Deus	Assistência social
Associação Pró-Futuro de Desenvolvimento Social (Pró-Futuro)	Desenvolvimento econômico e social
Associação Saúde Solidária (Asas)	Saúde
Associação Vida Vôlei Máster Mackenzie	Fomento ao esporte amador
Comunidade Terapêutica Fazendinha Irmã Erlinda	Saúde
Elo – Inclusão e Cidadania	Defesa dos direitos estabelecidos
Fórum de Entidades do Entorno da Área de Influência da Mineração do Acaba Mundo (Femam)	Desenvolvimento econômico e social
Fundação Educacional, Assistencial e de Proteção do Meio Ambiente (Feama)	Meio ambiente e desenvolvimento sustentável
Fundação Israel Pinheiro	Assistência social

continua

Entidade	Área de atuação
Fundação Nair Vilella Rabello	Saúde Gratuita
Grupo Cultural NUC	Cultura
Grupo Solidariedade	Assistência social
Humanizarte	Cultura
Instituto Acesso	Desenvolvimento econômico e social
Instituto Cultural Orquestra Sinfônica (Icos)	Cultura
Instituto de Extensão Universidade Aplicada (Ieua)	Estudos e pesquisas
Instituto Hartmann Regueira	Desenvolvimento econômico e social
Instituto Luiz de Azeredo Coutinho (Vemser)	Saúde gratuita
Instituto de Pesquisa e Análise Social (Ipas)	Estudos e pesquisas
Mais Vida	Desenvolvimento econômico e social
Minasinvest – Aliança de Desenvolvimento	Desenvolvimento econômico e social
Missão Ramacrisna	Assistência social
Portal da Serra	Desenvolvimento econômico e social
Projeto Cidadania	Assistência social

Obs.: Atualizado até 21 de dezembro de 2005, na própria página da Seplag. Várias entidades atuam em mais de uma área de políticas públicas.

Como podemos constatar no quadro 6, foram cinco os termos de parcerias assinados até 10 de janeiro de 2006 pelo Executivo mineiro. O número reduzido em relação às entidades qualificadas é explicado, em parte, pela distinção jurídica que fizemos anteriormente: a qualificação é ato vinculado, ao passo que a assinatura do termo de parceria é ato discricionário. Apesar de poucos, os termos de parceria em execução representam a transferência de uma quantia considerável de recursos para as Oscips. Em alguns casos, as transferências são maiores que toda a execução orçamentária de muitos órgãos da administração direta do estado de Minas Gerais.

Especificamente em relação às Oscips e à celebração dos termos de parceria, alguns aspectos importantes necessitam de uma análise mais detalhada no sentido de apontar os equívocos mais freqüentes que envolvem essa nova proposta de ação estatal. Na literatura especializada, a atuação do Estado em conjunto com a sociedade civil através de parcerias é percebida como vantajosa e eficiente, principalmente tendo em vista o intenso crescimento do terceiro setor no Brasil, inclusive como projeção da própria experiência internacional das últimas décadas.

Quadro 6
Termos de parcerias assinados até 10 de janeiro de 2006 pelo Executivo mineiro

Área de atuação	Entidade repassadora	Data da assinatura	Oscip recebedora	Valor dos repasses (R$)
Desenvolvimento do esporte	Secretaria de Estado de Desenvolvimento Social e Esportes (Sedese)	21-10-2005	Humanizarte	2.925.000,00
Fomento de atividades culturais e educativas através da radiodifusão	Fundação TV Minas – Cultural e Educativa	12-2005	Associação de Desenvolvimento da Radiodifusão de Minas Gerais (ADTV)	17.245.199,85
Elaboração da Agenda 21 para São Roque de Minas e Vargem Bonita	Fundação Rural Mineira (Ruralminas)	22-9-2005	Associação Mineira de Promoção de Entidades de Interesse Social (Ameis)	170.000,00
Instalação de uma escola de produção de papel artesanal	Sedese	28-6-2005	Organização para a Educação e Extensão da Cidadania (ECO)	167.638,80
Prevenção da criminalidade e da violência	Secretaria de Estado de Defesa Social (Seds)	8-2005	ELO – Inclusão e Cidadania	3.705.703,80
Valor total das transferências para as Oscips				24.213.542,45

É correta a percepção de que o interesse público não é monopólio ou pressuposto básico apenas da ação do Estado, mas que esteja difundido e pulverizado pela sociedade e suas instituições representativas. Por esse ângulo, qualquer ação que aproveite e potencialize a capacidade de ação de entidades que representem claramente o interesse público deve ser incentivada e aperfeiçoada. No entanto, se não existem grandes divergências quanto ao entendimento acima explicitado, um mar de dúvidas, alternativas e soluções se apresenta no momento de definir como deve ser o relacionamento do Estado com as organizações do terceiro setor.

Um entendimento amplamente difundido em boa parte da literatura especializada parece-me perverso, equivocado e oportunista, merecendo ser rechaçado com veemência: considerando a incapacidade e a falência da administração em formular e executar políticas públicas, o Estado deve buscar alternativas viáveis financiando entidades de direito privado, que estariam livres das amarras burocráticas do setor governamental. A diferença é gritante e merece ser ressaltada: uma coisa é atuar em parceria com o terceiro setor por entender que a ação conjunta é benéfica e útil, outra muito diferente é investir no modelo das Oscips em conseqüência de um diagnóstico equivocado que aponta para a falência ou incapacidade do Estado.

Por esse ângulo, investir no modelo como alternativa ao suposto fracasso do Estado seria ingênuo e equivocado. É sempre oportuno destacar que nenhum outro formato institucional irá suplantar e assumir o lugar da administração pública, que ainda retém com exclusividade um conjunto enorme e crucial de atribuições na engenharia jurídica de nossas modernas sociedades. Em comparação com a atuação e as responsabilidades do Estado, as Oscips necessariamente estão condenadas a ocupar um lugar periférico e complementar, nem de longe preenchendo os espaços vitais da administração pública. Nessa mesma linha de raciocínio, entendo ser problemático falar em Oscips como alternativa eficiente e viável à atuação do Estado.

Um equívoco comum observável nos processos de modernização administrativa que envolve a criação de novos modelos jurídicos seria focar os melhores esforços na tarefa de criação institucional desconsiderando a necessidade de aperfeiçoar "por dentro" a própria administração pública. Decididamente, se o esforço de criação de novos arranjos institucionais inevitavelmente acarretar o abandono da urgente tarefa de investir na administração pública brasileira, estamos diante de um desequilíbrio de prioridades que pode condenar o Estado ao eterno sucateamento.

De outra feita, e representando o outro lado da mesma moeda, paralelo ao diagnóstico subjacente de ineficiência e corrupção da administração pública, também são dados como inequívocos a capacidade técnica e o padrão de excelência e honestidade das entidades do terceiro setor. Especialmente para as Oscips que recebem dinheiro público, a necessidade de comprovar sua estrutura administrativa, operacional e técnica torna-se imperiosa. Infelizmente, tanto a legislação federal quanto a estadual não estabelecem critérios detalhados e objetivos para se avaliar realmente quais são as qualidades técnicas e burocráticas das instituições que recebem dinheiro do orçamento para realizar políticas públicas.

Essa indefinição criou uma área de desconfiança muito grande em relação aos critérios utilizados para distribuir recursos públicos entre as Oscips, abrindo caminhos patrimonialistas e perversos nas escolhas das instituições beneficiadas. Se por um lado a qualificação da Oscip é um ato vinculado para a administração pública, o repasse de recursos através do termo de parceria é ato discricionário, deixando uma enorme margem de manobra para gestores inescrupulosos.

Não são poucos os casos recentes de desvios envolvendo Oscips no plano federal, principalmente pelas falhas observadas na escolha das instituições, predominando, ao invés de critérios técnicos e burocráticos, relações políticas, pessoais e paternalistas. Prevalecendo essa lógica distorcida, o modelo das Oscips pode naufragar e tornar-se um imenso fracasso, caindo na vala comum das práticas patrimonialistas de assalto ao Estado.

Em um criativo artigo, Abranches (2004) aponta alguns problemas comuns aos níveis federal e estadual no momento de decidir sobre a transferência de recursos públicos para entidades do terceiro setor. Mostra o autor certas anomalias que têm caracterizado boa parte das Oscips no Brasil e no mundo, e entre elas destacamos:

- entidades que se instalam em prédios públicos e dependem integralmente das verbas do tesouro para sobreviver;
- entidades que, não raro, ainda que de maneira indireta, têm estreitas relações com partidos políticos ou mesmo com os governos;
- entidades que não buscam sustentabilidade, não trabalham de forma transparente e tampouco desenvolvem uma política para aprimorar seu desempenho institucional. De maneira jocosa, a autor até cria uma nova identidade para essas instituições: organizações quase não-governamentais (Oquango).

Assim, conclui acertadamente o autor que corremos o sério risco de financiar instituições que apresentam tantos problemas de gestão e eficiência quanto os órgãos da administração pública, porém sem as regras de controle e transparência que caracterizam as agências governamentais. Como se disse anteriormente, os critérios para a escolha das entidades que receberão recursos não são claros o suficiente para afastar a possibilidade de desvios, patrimonialismo e falhas graves de desempenho. A prática tem demonstrado que esse aspecto merece ser atacado com urgência e seriedade para não condenar ao fracasso as experiências federal e estadual de parceria do Estado com o terceiro setor.

Em um aspecto específico, a legislação mineira ainda está bastante atrasada em relação ao que tem acontecido no plano federal. Na União, diante dos inúmeros casos de malversação dos recursos públicos, em grande parte em função da precariedade dos regimes próprios de aquisições, houve a edição do Decreto nº 5.504, de 5 de agosto de 2005, que torna obrigatória a utilização do pregão no caso específico dos repasses oriundos de termos de parceria. Na prática, é o fim dos regulamentos próprios no âmbito federal, que corretamente eliminou um foco de corrupção na relação entre Oscips e administração pública. Diante da agilidade e transparência do pregão eletrônico, o estado de Minas Gerais deveria urgentemente adotar a mesma medida para as suas entidades qualificadas como Oscips.

Uma análise mais detalhada de dois regulamentos próprios de compras (da ADTV, publicado em 29 de dezembro de 2005, e da Elo – Inclusão e Cidadania, de 19 de setembro de 2005) revela inúmeras imperfeições, que podem facilitar práticas deletérias com os recursos públicos. No caso do regulamento da ADTV, por exemplo, existe a figura da compra emergencial, que abre uma lacuna de discricionariedade muito perigosa para o gestor, que poderá se valer dessa oportunidade para lesar os cofres públicos. De forma geral, os regulamentos próprios são muito permissivos, deixando enormes lacunas para os gestores mal-intencionados.

Outro aspecto que também deve ser destacado em relação aos regulamentos próprios está relacionado com a capacidade de fiscalização por parte dos órgãos de controle. A necessidade de estudar e analisar uma infinidade de regulamentos próprios torna-se quase que inviável para os órgãos de controle interno e tribunais de contas, que deverão trabalhar com uma variedade enorme de regimes de compras e contratação de pessoal. Naturalmente, pela falta de pessoal qualificado em número suficiente e pelo elevado número de regulamentos, a capacidade institucional dos órgãos de controle, que já reduzida, fica ainda mais comprometida no sentido de realizar uma boa fiscalização sobre as Oscips.

Do ponto de vista do servidor público, a transferência de recursos para instituições qualificadas como Oscips pode representar, dependendo das circunstâncias, um desestímulo muito grande. Não havendo muita transparência e critérios objetivos no relacionamento entre o Estado e o terceiro setor, o servidor vai entender que o governo prefere investir em instituições que não integram a administração pública. Essa inversão de prioridades pode ser percebida como uma recusa a desenvolver a estrutura administrativa dos órgãos públicos, além de sinalizar que o investimento nos próprios servidores não é viável. Em uma situação-limite, os servidores poderão realizar as mesmas políticas públicas que uma Oscip, só que com uma estrutura administrativa sucateada e provavelmente com um nível salarial menor do que os funcionários de uma organização do terceiro setor. Naturalmente, é previsível que essa situação acarrete falta de compromisso, apatia e angústia aos servidores públicos, alimentando o círculo vicioso de performance do Estado: a administração pública não investe no servidor porque o desempenho é baixo; por sua vez, o servidor não se dedica porque é mal remunerado e está desmotivado.

CAPÍTULO XI
Informação e controle social na administração pública

Dois pilares mutuamente complementares balizam a formatação das políticas públicas no Brasil depois da Constituição Federal de 1988: a descentralização e o controle social. Importantes questões são suscitadas pelos especialistas em relação ao processo de descentralização, mas como esse não é o foco principal deste capítulo, deixaremos de abordá-lo diretamente. Quanto ao controle social, acreditamos que questões fundamentais são levantadas pelo tema, que tem ocupado espaço considerável nos estudos sobre formatação, implementação, coordenação e fiscalização de políticas públicas. Dentro de um espectro considerável de problemas e deficiências, o trabalho aborda de maneira mais detalhada os aspectos relativos à transparência e o acesso à informação, cruciais para o controle do Estado por parte do cidadão.

Nas últimas décadas, a administração pública brasileira tem passado por uma experiência importante no sentido ser mais transparente, mais visível e próxima da população, com o aprimoramento de inúmeros instrumentos de controle dos cidadãos sobre o Estado. Um conjunto de fatores recentes explica, em parte, esse fenômeno:

- a consolidação da democracia brasileira a partir de 1985, com o aperfeiçoamento dos sistemas de freios e contrapesos entre os poderes Executivo, Legislativo e Judiciário;
- o papel atuante e abrangente do Ministério Público, em função das novas atribuições conquistadas na CF/88;
- a liberdade de imprensa, que possibilitou o desenvolvimento de mídias mais independentes e investigativas;
- as experiências do orçamento participativo, pelo seu caráter pedagógico e mobilizador;
- avanços na legislação, como a Lei Complementar nº 101, de 4 de maio de 2000, também conhecida como Lei de Responsabilidade Fiscal;

▶ os ganhos de transparência proporcionados pelos enormes avanços na governança eletrônica, como é o caso clássico da utilização da nova modalidade de licitação denominada pregão.

Não obstante os avanços observáveis quanto ao aumento da transparência na administração pública brasileira, que são importantes e consideráveis, pretendo discutir neste capítulo as questões relativas a acesso, processamento e utilização da informação, que representaria a maneira efetiva de instrumentalizar os avanços que conseguimos nas últimas décadas. Em linhas gerais, far-se-á um esforço no sentido de problematizar um conjunto de questões que estão relacionadas com o processamento da informação, arrolando alguns equívocos que normalmente não são adequadamente avaliados quando se discutem os temas da transparência e do controle social na administração pública brasileira.

Em primeiro lugar, cabe destacar que o problema da informação assume relevância na exata medida que não existe ação política ou intervenção social de qualidade sem que se tenha previamente garantido o acesso à boa informação. Dessa forma, a questão da informação se reveste de importância crucial, uma vez que a possibilidade de implementação de uma estratégia de ação bem-sucedida, inteligente e eficiente por indivíduos ou grupos sociais estará diretamente relacionada com o volume, a qualidade e a tempestividade das informações que estarão disponíveis.

Naturalmente, neste trabalho não se cogita a possibilidade de indivíduos e atores sociais agirem de maneira absolutamente racional depois de processar de forma adequada e efetiva todo um conjunto de informações que estariam disponíveis. Na realidade, entende-se que a manipulação adequada de um conjunto completo de informações necessárias para subsidiar determinada ação estratégica será sempre uma possibilidade remota, resultando em níveis relativamente diferenciados quanto ao processamento da informação e à racionalidade da ação coletiva. De alguma maneira, sempre estaremos distantes do ideal de uma racionalidade perfeita que, baseada no processamento eficiente de um conjunto de informações, resultaria em uma ação coletiva concreta, efetiva e bem-sucedida.

Nem mesmo no plano individual essa racionalidade ideal se mostra provável, uma vez que, pela carência de boas informações, muitas vezes experimentamos a sensação de insegurança quanto às atitudes que devemos tomar. Não raro, somos forçados a decidir mesmo sabendo que não temos o conjunto de informações que julgamos necessário para subsidiar determinadas atitudes. Assim, nos planos afetivo, profissional e familiar fazemos escolhas para as quais claramente não nos sentimos convictos com relação as suas conseqüências, precisamente por não termos disponíveis todas as informações de que necessitamos.

Às vezes, até mesmo em situações corriqueiras, como no trânsito, tomamos decisões importantes com uma grande margem de incerteza. Ao fazermos uma ultrapassagem em uma rodovia, por exemplo, seria ideal que soubéssemos exatamente a quantos quilômetros ou minutos o carro que vem em sentido contrário está em relação à nossa posição. Será que existe algum buraco na pista da direita que possa fazer o motorista da frente jogar o carro para a esquerda? Existe algum animal próximo à pista que, de repente, pode saltar à nossa frente? São inúmeras possibilidades e, mesmo que façamos tudo certo e com muita cautela, sempre existirá certa margem de indefinição, alguma variável que não dominamos. No entanto, mesmo tendo consciência de que não temos todas as informações desejáveis, as ultrapassagens são realizadas.

Como já ressaltamos, mesmo em relação às nossas escolhas individuais mais simples, os problemas quanto a acesso e processamento das informações já se colocam de maneira contundente. Naturalmente, quando envolve grandes grupos sociais, que devem necessariamente administrar um volume muito maior, mais sofisticado e complexo de informações, o problema se intensifica. Assim, as informações administradas por atores políticos coletivos são muito volumosas e complexas, especialmente se comparadas com as informações individuais relacionadas com as decisões que cotidianamente devem ser tomadas por qualquer cidadão. Em um único dia, as pessoas tomam uma infinidade de decisões, uma vez que estão sempre fazendo opções entre alternativas diferentes, nem sempre possuindo um conjunto adequado de informações para subsidiar cada uma dessas decisões.

Dessa forma, na parte introdutória deste capítulo, enfatizamos que sempre estamos distantes de um nível ideal de racionalidade, haja vista as dificuldades que temos em acessar e processar um volume praticamente infinito de informações. No mesmo sentido, afirmamos também que essas dificuldades de processamento se potencializam quando se trata de atores coletivos, que devem trabalhar com informações ainda mais volumosas e sofisticadas.

Problematizando outro conjunto de questões, discutiremos agora a própria natureza das informações que chegam aos cidadãos e atores coletivos. Diariamente somos massacrados com o chavão clássico de que vivemos em uma sociedade da informação e que ela representaria a riqueza maior de países, empresas e mesmo de indivíduos. Nesse contexto, é exemplo clássico enfatizar que temos mais de três bilhões de páginas na internet, ou afirmar que em uma única edição diária de um bom jornal contenha mais informações do que uma pessoa comum receberia em toda sua vida ao longo do século XVII.

Para além de uma certa euforia e ingenuidade que se escondem atrás dessas afirmações, pretendemos discutir quais seriam, concretamente, os possíveis ganhos e conseqüências para a organização de nossas sociedades. Colocando o problema de forma mais provocativa: faz realmente alguma diferença para a administração pública e para o cidadão mediano – não se deve esquecer nunca de que a democracia é feita, acima de tudo, por cidadãos medianos – o fato de termos disponível uma infinidade de informações dispersas e geralmente desconexas?

Especificamente em relação às principais informações relacionadas com a administração pública, de início já encontramos um problema de enorme gravidade: a natureza técnica e excessivamente árida das informações. As políticas sociais, os arranjos macroeconômicos, a contabilidade pública, o processo legislativo, a execução orçamentária, entre outros, apresentam um componente técnico que praticamente torna sem valor ou significado as informações que são disponibilizadas pelo Estado. Na prática, o acesso, o processamento e a utilização estratégica desse tipo de informação são muito pequenos, quase nulos, por parte do cidadão mediano. As informações contidas no balanço geral da União, que trata de todas as ações do Estado brasileiro no nível federal, além da execução orçamentária, por exemplo, dizem pouca coisa para o eleitor mediano, que não tem instrumentos analíticos para processar esse conjunto complexo de informações.

De modo geral, pelo próprio aprofundamento da divisão social do trabalho, processo inerente ao desenvolvimento do modelo burocrático e do sistema capitalista, as políticas públicas tornam-se cada vez mais complexas e sofisticadas, inteligíveis apenas pelos técnicos que desenvolveram a expertise necessária para tratarem dessas matérias com alguma segurança.

Nesse sentido, os esforços louváveis e necessários de estudiosos, parlamentares, partidos e ONGs que buscam traduzir a execução orçamentária para a população demonstram cabalmente a distância existente entre a sociedade civil e o Estado. Apesar dos avanços recentes, é forçoso reconhecer que a sociedade brasileira, pelos obstáculos técnicos que a literatura especializada usualmente aponta, está distante de empreender um acompanhamento desejável e eficiente da administração pública.

Autores clássicos como Weber (1999), Michels (1982) e Bobbio (1997) têm apontado, há décadas, as dificuldades inerentes ao processamento de informações técnicas e complexas produzidas pela administração pública. Ainda no começo do século passado Weber já falava da gaiola de ouro da burocracia. Mais recentemente, a literatura especializada tem exaustivamente trabalhado o antagonismo visível e intenso entre democracia e burocracia. De um lado, o regime democrático, pelo menos em princípio, está fundamentado na idéia de que todos devem participar de todas as decisões que envolvam o interesse público. Por outro, a complexidade de nossas sociedades e das instituições governamentais inviabilizam, ou mesmo impedem, a interferência do cidadão comum, que se sente constrangido pela complexidade, profundidade e abrangência dos temas que envolvem a condução do Estado.

Naturalmente, problemas altamente técnicos como taxa de juros, equilíbrio fiscal, política de câmbio, assistência à saúde, à educação, ao trabalho, tratados comerciais internacionais, entre outras políticas públicas, são complexos demais para serem tratados pelo cidadão comum, pelo homem de rua. Questões dessa natureza exigem adequada qualificação técnica e profissional para serem atacadas com o mínimo de eficiência e segurança, requerendo pré-requisitos que passam ao largo da sociedade civil organizada.

Nesse contexto, o exemplo do que vem acontecendo com os bancos centrais nas nações democráticas é pedagógico. Na maioria dos países, especialmente entre os membros da União Européia, a autonomia do Banco Central tem sido percebida como fundamental para o sucesso na implementação das políticas macroeconômicas. Dessa forma, a participação da sociedade, seja diretamente ou através das instituições da democracia representativa como Congresso, partidos e sindicatos, é cerceada. Nitidamente, a intenção é criar uma espécie de cordão de isolamento sobre a burocracia encarregada de definir as políticas macroeconômicas mais relevantes. Como facilmente podemos constatar, a percepção prevalecente entende que problemas complexos e técnicos não devem ser resolvidos pelo eleitor mediano no ambiente acalorado das praças públicas, das passeatas, através de discursos ideológicos e tampouco por intermédio das instituições democráticas como o Parlamento.

Outro problema recorrente está relacionado com o infinito volume de informações que a administração pública disponibiliza. Além das dificuldades em processar informações técnicas e sofisticadas, surge uma dificuldade inicial de selecionar o que realmente é relevante e essencial. Apenas nessa tarefa preliminar de filtrar uma quantidade enorme de informações o cidadão comum já se atrapalha facilmente. Nesse contexto, distinguir o supérfluo do essencial é, por si só, uma tarefa que exige esforços e atenção especiais. Diante de uma quantidade quase infinita de dados, a seleção exige critério técnico, tempo e sagacidade, requerendo um esforço adicional para fugir da armadilha de perder tempo com informações irrelevantes ou apenas propositalmente disponibilizadas para confundir a sociedade ou o analista.

Uma diferença crucial deve ser lembrada nesse contexto: dados brutos e informações gerenciais são coisas totalmente diferentes. Normalmente, uma quantidade grande de dados brutos é disponibilizada pela administração pública. Pouca serventia encontramos nesses amontoados de informações que não dizem nada para a sociedade. Inicialmente, é preciso fazer um esforço no sentido de dar um tratamento gerencial à informação, criando condições de comparação no espaço e no tempo, desenvolvendo instrumentos de análise, enfim, é preciso criar a expertise necessária para interpretar corretamente as informações que nos chegam através dos vários mecanismos de divulgação utilizados pela administração pública.

É de amplo conhecimento pelos estudiosos das mais variadas áreas que informação em demasia é contra-informação, servindo apenas como uma cortina de fumaça para dificultar a apropriação do conhecimento realmente relevante. A maneira mais eficiente para dificultar o entendimento de determinada matéria é produzir e disponibilizar uma quantidade enorme de dados, mesclando coisas irrelevantes com informações realmente importantes. Na administração pública, pelo enorme volume e, principalmente, pela natureza técnica da informação, fica muito fácil confundir e ludibriar a sociedade e o cidadão comum, que encontram dificuldades quase intransponíveis para processar todo o vasto material disponibilizado.

Com relação à capacidade de processamento da informação, também é importante destacar que a nossa ignorância relativa aumenta a cada dia. Qualquer área do conhecimento que pegarmos como exemplo comprovará com facilidade que a produção científica e técnica cresce geometricamente, ao passo que a capacidade da sociedade e do analista em absorver e incorporar o conhecimento produzido cresce apenas aritmeticamente, por mais que se esforcem para se manterem atualizados.

Imagine quanta legislação, livros, publicações ou artigos técnicos foram escritos nas últimas 24 horas sobre ciência política, processo legislativo, orçamento público, controle social, conselhos gestores etc. Naturalmente, a capacidade individual de nos apropriarmos desse conhecimento gerado é muito pequena. Mal comparando, seria como tomar uma medicação altamente rica em vitamina C, esquecendo-se de que nosso organismo só consegue absorver uma quantidade muito limitada dessa substância. Não raro, a quase totalidade das vitaminas que ingerimos através de medicamentos não é aproveitada pelo nosso organismo. Fenômeno semelhante acontece com as informações disponibilizadas pela administração pública, que são produzidas em escalas oceânicas, mas apropriadas em proporções homeopáticas.

Adiante, iremos inventariar algumas questões coadjuvantes, mas não menos importantes, relativas ao acesso e processamento da informação disponibilizada pela administração pública. É verdade que as questões a seguir discutidas não chegam a inviabilizar o controle social, mas potencializam sobremaneira as dificuldades já naturalmente enfrentadas nesse complexo processo de acompanhamento das ações do Estado.

Uma tendência recente que se tem intensificado revela que parte significativa da população sistematicamente tem evitado a informação, por identificar nela uma fonte constante de estresse e aborrecimento. Homens e mulheres não raro evitam deliberadamente os assuntos mais densos e complexos do dia-a-dia, preferindo temas leves como futebol, moda, amenidades ou colunas sociais. Nesse sentido, as informações relativas ao Estado e seu funcionamento são sistematicamente descartadas, levando à apatia, ao desinteresse e à desmobilização da sociedade. Usualmente, as informações relativas à administração pública representam temas chatos e áridos, que normalmente chegam ao cidadão quando ele está se preparando para descansar ou dormir. Reconhecendo que durante sua jornada cotidiana de trabalho o cidadão comum não tem como acessar as informações disponibilizadas através de vários mecanismos, somente durante a noite, em sua hora de descanso, ele terá contato com as notícias de cada dia.

Exemplo clássico dessa tendência são os constantes escândalos de corrupção que grassam pelo país afora. Nada causa mais revolta ou estresse do que acompanhar os casos de corrupção e malversação de recursos públicos que pululam aos borbotões na grande imprensa diariamente. Supersalários, nepotismo, desvios enormes, impunidade, negativas acintosas etc., tudo isso acarreta raiva e revolta que podem atrapalhar o jantar ou tirar o sono. Assim, para evitar os aborrecimentos percebidos pelo cidadão comum como desnecessários, a população simplesmente deixa de acompanhar o noticiário relativo à administração pública, propiciando a arena ideal para a atuação dos políticos e gestores mal-intencionados.

Em outro conjunto de problemas, constatamos que a informação, naturalmente, é muito cara e arredia, em função de várias características que rapidamente mencionaremos. O primeiro e mais banal custo da informação está relacionado simplesmente com o preço do produto. Geralmente a boa informação é cara, exigindo altos investimentos, que boa parte da população não pode assumir. São elevados os gastos necessários para ter acesso à internet, para assinatura de jornais e revistas, televisão a cabo, entre outras mídias disponíveis. Assim, boa parte da população fica sem acesso à informação pura e simplesmente por não ter como pagar por ela, gerando um comportamento político assimétrico e diferenciado entre os grupos sociais. Naturalmente, os setores sociais mais mobilizados, organizados e com melhores condições econômicas alcançarão as informações mais valiosas, gerando comportamentos coletivos diferenciados que privilegiam os atores com melhor acesso às informações.

O aspecto da assimetria da informação manifesta-se também de várias maneiras, todas importando em comportamentos políticos diferenciados e necessariamente desiguais. Em relação à sociedade em geral, administradores públicos, políticos e analistas têm acesso a um volume muito maior e mais sofisticado de informações, colocando esses atores em posição privilegiada, especialmente se comparada com os segmentos menos informados da população. Naturalmente, a capacidade de controle e acompanhamento social sobre a administração pública fica comprometida por essa assimetria da informação, que fortalece a posição relativa dos atores que atuam "dentro" do Estado. Prova cabal dessa posição estratégica é a dificuldade que a sociedade encontra para produzir provas e condenar os políticos e gestores corruptos, que utilizam as informações privilegiadas e técnicas que possuem para dificultar ou neutralizar o trabalho de acompanhamento e controle social sobre a administração púbica.

Outra assimetria importante manifesta-se no interior das organizações públicas e privadas, haja vista que usualmente as lideranças e os dirigentes das organizações dispõem de acesso irrestrito e tempestivo às informações. Em relação às bases e aos milhares de filiados ou associados, a cúpula das organizações manipulam um volume muito maior e mais estratégico de informações, colocando-a em uma posição claramente mais vantajosa. Nesse aspecto, o controle e o domínio das organizações por parte dos dirigentes ficam facilitados em função do acesso assimétrico à informação, potencializando inclusive o processo de oligarquização tão bem demonstrado por Michels (1982). Da mesma maneira, como a estrutura da administração pública é altamente hierarquizada, a transparência e o controle social ficam prejudicados pelo acesso assimétrico às informações de interesse coletivo.

Mas a informação não é restringida apenas pelo alto custo financeiro, que acaba por excluir a quase totalidade da população brasileira, ela torna-se um bem precioso também pelo tempo que requer para ser manipulada, assimilada e entendida. O tempo gasto na leitura de jornais diários, revistas semanais, ou para ouvir programas e debates na TV, navegar na internet, escutar a Hora do Brasil ou assistir à TV Senado está sendo roubado de atividades mais prazerosas como ler um romance, simplesmente conversar em família, jogar cartas, tomar cerveja com os amigos, entre outras atividades mais leves e relaxantes.

É difícil imaginar que um operário que trabalhou duro o dia todo vá ainda se dedicar a buscar alguma informação relacionada com a administração pública durante seu tempo livre, ou que vá participar de alguma reunião na câmara de vereadores ou, ainda, comparecer a uma assembléia do orçamento participativo de sua cidade. Assim, a limitação do tempo é fortíssima. Para sermos mais incisivos: o cidadão comum tem pouco tempo disponível e não deseja gastar o que lhe resta em atividades políticas que exigem tempo, deslocamentos, argumentação, entre outros custos requeridos pela democracia.

Trilhando outra linha de raciocínio, é possível sustentar que o acesso puro e simples à informação é, em princípio, inútil. Naturalmente, a informação e o conhecimento só se justificam se aplicados em alguma direção política mobilizadora, participativa, enfim, que leve o cidadão ou os grupos sociais a agirem na defesa de algum interesse, de uma causa específica, de alguma ideologia etc. Acontece que existe um enorme abismo entre saber, conhecer, perceber e estar bem informado, por um lado, e agir, participar e se mobilizar na defesa de causas ou interesses coletivos, por outro.

Mancur Olson (1999) tem um trabalho clássico no qual enumera as dificuldades em se organizar a ação coletiva. Entre as dificuldades mais conhecidas, o autor dedica especial atenção aos seguintes aspectos:

- o tamanho do grupo (se muito grande, a contribuição marginal de cada cidadão é mínima; se muito pequeno, o custo individual da participação tende a tornar-se enorme);
- a tendência ao comportamento *free-rider* – o custo da ação é individual e os benefícios são universais, válidos para todo o grupo;
- a lógica temporal adversa (o custo da participação é imediato e conhecido, ao passo que os benefícios são futuros e incertos);
- a pura e simples não-percepção dos seus interesses, não raro atores sociais coletivos nem mesmo conseguem identificar suas necessidades, entre outras características de nossas modernas sociedades que dificultam a ação coletiva.

Naturalmente, a teoria de Olson não representa uma sentença de morte para a ação coletiva, apenas identifica as dificuldades mais prementes em mobilizar determinado grupo social. Como é esperado, as pessoas participam, votam, protestam, fazem passeatas, greves, entre outros mecanismos de pressão política. Superando os obstáculos já descritos, os atores sociais coletivos se mobilizam impulsionados por ideologias, motivações regionais, diferenças culturais, apelos religiosos, partidários etc.

Os desdobramentos da teoria de Olson se manifestam com mais veemência em sociedades historicamente patrimonialistas como a brasileira. No Brasil, ao contrário dos Estados Unidos, o Estado criou a sociedade, difundindo e consolidando características paternalistas, nepotistas e oligárquicas. A história tem demonstrado que a contrapartida da criação de um estado patrimonial forte, onipresente e centralizador, herança direta da colonização ibérica, é o surgimento de uma sociedade civil fraca, desorganizada e apática. Dessa forma, por aspectos culturais fortíssimos, a sociedade brasileira enfrenta problemas adicionais aos elencados por Olson quando pretende se organizar e mobilizar atores políticos coletivos.

Outro aspecto fundamental relacionado ao acesso e ao processamento da informação, especialmente a produzida e divulgada pela administração pública, está estritamente ligado aos interesses ocultos que se infiltram entre os veículos de informação e os formadores de opinião. Numa palavra: jornalistas, cientistas políticos, comentaristas, jornais, revistas, emissoras de rádio e TV e formadores de opinião têm seus próprios interesses, não raro disponibilizando informações direcionadas, manipuladas e maquiadas. Em um grande órgão de comunicação, seja na televisão ou na imprensa escrita, são infinitos e fortes os interesses políticos, pessoais e econômicos envolvidos, trazendo a sensação de que a verdade está sempre oculta, refugiando-se e se escondendo sob um manto de informações supostamente isentas e confiáveis.

Dessa forma, o cidadão comum é presa fácil das maquinações e manipulações a que assistimos com tanta freqüência na grande imprensa. Nas primeiras páginas, nas principais manchetes, nos editoriais e em todo o conteúdo de jornais e programas de televisão, cada palavra, cada idéia cumpre uma função muito bem estudada e planejada.

Especialmente com relação à administração pública, três problemas cruciais devem ser pensados com muita cautela nesse contexto. Os governantes, que dão o direcionamento político da administração pública, manipulam uma quantidade muito grande de verbas publicitárias, fazendo do setor público um grande cliente dos mais diversos e importantes veículos de comunicação. Dessa forma, os interesses da imprensa e dos governantes podem se cruzar e mesclar em uma área muito sensível, com enorme potencial para deturpar e mitigar a informação veiculada nos meios de comunicação. Como o governo é um grande cliente, costuma haver uma troca de favores com as seguintes características: determinado veículo de comunicação não publica nenhuma notícia que contrarie os interesses dos governantes, que em troca entregam a conta de publicidade dos órgãos da administração pública para os veículos politicamente alinhados com os poderosos de plantão.

Outra área sensível em que os interesses da administração e dos grandes veículos de comunicação se cruzam está relacionada com os empréstimos financeiros desembolsados pelas agências governamentais de fomento, como o BNDES, entre outras. Assim, pela abertura de linhas de crédito vantajosas, alterações na legislação tributária, entre outras ajudas governamentais, costumam os mandatários comprar a independência dos meios de comunicação, que maquiam e deturpam a informação em favor dos aliados políticos do momento.

Finalmente, cabe ressaltar mais uma vez que jornalistas, cientistas políticos, economistas, editorialistas e todo tipo de comentaristas têm seus próprios interesses pessoais, alinhamentos políticos e ideológicos, favores a retribuir, pretensões a cargos públicos etc. Não raro, esses interesses e as próprias relações pessoais com os poderosos retiram-lhes boa parte da independência necessária para buscar e divulgar a informação de maneira isenta e crítica.

Assim, pela combinação dessas três características, precisamos ficar atentos em relação ao posicionamento da imprensa diante dos governantes e da administração pública. Esse contexto tende a gerar um relacionamento incestuoso em que a primeira vítima fatal é a isenção da informação e da análise crítica. Imagine a dificuldade que tem o cidadão comum para avaliar se determinado órgão da imprensa é isento em relação às informações que divulga em grandes manchetes ou primeiras páginas. Como descobrir que determinado veículo de comunicação apenas publica notícias desfavoráveis de alguma administração só porque foi preterido em uma conta de publicidade, na assinatura de um grande contrato ou mesmo na indicação de uma nomeação importante, entre uma infinidade de situações geradas no relacionamento da imprensa com o governo? Diante de tudo isso, acredito que boa parte das informações que nos chegam é altamente construída ou manipulada, comprometida no nascedouro no que se refere a isenção e fidedignidade. Nas grandes manchetes diárias e nas primeiras páginas nada é desinteressado, nenhuma informação ou dado estão fora do lugar, todas as matérias cumprem um papel específico e determinado na grande imprensa.

Usualmente, o suposto compromisso com o leitor ou telespectador é trocado ou compartilhado com outros interesses escusos que o cidadão comum jamais imagina, por ingenuidade ou apenas por ignorância. Por isso, fica evidentemente difícil implementar uma ação coletiva eficiente, tendo em vista que raramente temos as informações isentas necessárias para subsidiar a ação estratégica bem-sucedida.

Sem nenhum exagero, é possível sustentar que não existe a informação desinteressada e isenta, especialmente quando nos referimos à administração pública, por necessariamente envolver assuntos complexos e polêmicos como a avaliação de governos, mandatos, implementação de políticas públicas, partidos políticos, governantes etc.

Aqui, reforçamos a idéia de que a ação política racional, eficiente e lógica necessariamente esbarra nas deficiências quanto a acesso e processamento das informações. Se, como procuramos sustentar, existe uma falha congênita na construção e divulgação da informação, necessariamente a ação política será sempre precária e deficiente, muito distante daquele modelo idealizado de atores políticos mobilizados, bem informados e extremamente racionais na defesa de seus interesses.

Outra característica importante que trabalha no sentido de dificultar o acesso à boa informação está relacionada com a retórica, com a oratória ou simplesmente com as modernas técnicas de comunicação, aliás, muito utilizadas pelos marqueteiros políticos, que vivem de camuflar, escamotear ou disfarçar a verdade. No seu clássico *Leviatã*, Hobbes (1983:105) vai direto ao ponto quando faz uma crítica veemente da retórica: "daquela arte das palavras mediante a qual alguns homens são capazes de apresentar aos outros o que é bom sob a aparência do mal, e o que é mau sob a aparência do bem; ou então aumentando ou diminuindo a importância visível do bem ou do mal, semeando o descontentamento entre os homens e perturbando a seu bel-prazer a paz em que os outros vivem".

Os problemas da oratória e da demagogia são antigos e remontam à democracia direta desenvolvida e praticada na Grécia. Muitos analistas atribuem o fracasso dessa experiência inicial da democracia à capacidade de alguns líderes políticos de enganar e conduzir a turba ensandecida reunida na ágora. Naturalmente, estamos vivendo outra realidade sob a democracia representativa, mas as manipulações e as distorções da verdade estão cada vez mais presentes, apenas aperfeiçoadas pelas modernas técnicas de comunicação, marketing político e relacionamento interpessoal.

Muitas vezes, especialmente nos momentos eleitorais, a informação produzida pela administração pública nos é repassada por políticos habilidosos, comentaristas treinados na arte da comunicação e marqueteiros inescrupulosos que não necessariamente estão atrás da verdade ou da boa informação. Facilmente o cidadão mediano ou o eleitor comum é ludibriado e massacrado com informações deturpadas e interessadas, que inviabilizam o seu processamento e a ação política que viria como conseqüência.

Nesse aspecto específico, cabe destacar que a avaliação da qualidade das administrações nos três níveis de governo é tarefa extremamente difícil. Geralmente, prefeitos, governadores e presidentes vendem suas administrações em números positivos e supostamente isentos, escondendo várias armadilhas que praticamente inviabilizam uma aferição de desempenho isenta e profissional. Dessa forma, fica a população sem meios objetivos ou instrumentos técnicos para avaliar dados que, além de complexos, estão sujeitos à intensa manipulação. Para complicar ainda mais o cenário e eliminar de vez a capacidade da população de empreender uma avaliação criteriosa de determinada gestão ou governo, os dados supostamente relevantes, antes de sua divulgação, ainda são dourados pelas pílulas da neurolingüística, do marketing político, das técnicas de vendas etc.

Cabe ainda uma palavra sobre a superficialidade das informações que são disponibilizadas nos grandes meios de comunicação. Para averiguar com precisão essa deficiência, observe como são tratados na imprensa determinados temas ou situações que você conhece bem. Chama a atenção a superficialidade no tratamento das notícias pelos grandes veículos de comunicação. Infelizmente, com o avanço da internet, esse problema específico se agravou, uma vez que as notícias são publicadas quase que simultaneamente ao seu acontecimento, tornando-as cada vez mais telegráficas, superficiais e desconexas.

É interessante notar como repórteres, editorialistas e colunistas se propõem a tratar de temas com os quais eles não têm nenhuma familiaridade. Morre o papa, estoura uma crise cambial em um remoto país da Ásia, agrava-se uma crise energética no Oriente Médio e todos começam a falar tranqüilamente sobre esses assuntos, apresentando soluções rápidas e fáceis para isso e aquilo. Naturalmente, as informações se apresentam indigentes e superficiais, levando a população a erros e avaliações precárias. Parodiando Bismark, seria possível dizer que, se o povo soubesse como são feitas as salsichas e publicadas as notícias, não comeriam as primeiras nem acreditariam nas segundas.

Finalizando o capítulo, é preciso dizer que definitivamente não pretendemos questionar a necessidade e a viabilidade do controle social, com seus pressupostos complementares da informação e transparência, apenas desejamos problematizar as questões mais fundamentais suscitadas pelo tema. Nesse sentido, o capítulo apenas pretende apontar que o controle social não é a panacéia para a solução dos problemas da administração pública brasileira. No entanto, se não ficarmos atentos às deficiências e às dificuldades encontradas para sua implantação, jamais poderemos transformá-lo em um instrumento viável para combater os males que todos conhecemos e que grassam na administração pública brasileira.

Diante de tudo que analisamos até aqui, é possível afirmar que a solução para os problemas de controle e acompanhamento da administração pública brasileira deve caminhar em dois sentidos complementares:

- a aposta salutar e inovadora nos mecanismos de controle social não deve implicar sucateamento ou esquecimento dos mecanismos tradicionais de controle, como as cortes de contas e os sistemas de controle interno de cada órgão, que possuem a expertise necessária para desempenhar essa tarefa essencial;
- alguma forma de complementaridade deve ser buscada de maneira mais intensa entre o controle social e os diversos mecanismos de acompanhamento da administração pública, especialmente com o Ministério Público, órgãos de controle interno e os tribunais de contas.

CONCLUSÃO

Fazer uma avaliação precisa e objetiva do processo de contratualização de desempenho é algo extremamente árduo, especialmente quando se trata de experiências recentes como a brasileira. De modo geral, as mesmas dificuldades apontadas por Pollitt e Bouckaert (2002) quanto à avaliação das reformas administrativas pelo mundo são também encontradas quando pretendemos analisar a experiência de contratualização de desempenho e agencificação. Para realizar uma boa análise sobre as reformas administrativas, os autores encontraram alguns problemas cruciais:

- geralmente não existe uma unidade de análise objetiva, potencializando-se o risco de comparar alhos com bugalhos;
- alguns dados essenciais não estão disponíveis ou são incompletos;
- a retórica, tanto a favor quanto contra as reformas, tende a construir uma cortina de fumaça sobre os dados disponíveis, entre outras dificuldades apontadas.

Naturalmente, também nos deparamos com essas dificuldades metodológicas quando tentamos fazer uma avaliação das experiências de contratualização e agencificação. Analisando determinado contrato específico, como realmente garantir que o aumento da arrecadação de um tributo é causa direta da implantação de um contrato de gestão? Como assegurar objetivamente que, se não fosse o contrato de desempenho, a arrecadação não aumentaria do mesmo jeito? Como garantir que os cálculos realmente eliminaram fatores exógenos como o crescimento da economia, a variação cambial, o incremento do mercado mundial ou mesmo algumas sazonalidades tão comuns na área econômica?

Apontando para outra linha de problemas, como garantir que as metas estipuladas pelos contratos foram levantadas de maneira realista e objetiva? Provavelmente, apenas a simples garantia do orçamento dos órgãos públicos já seria suficiente para aumentar seu desempenho institucional. Ressalte-se que obrigatoriamente não existe a necessidade de assinatura de um contrato de gestão para se garantirem orçamentos dentro da administração pública. Por outro lado, aparecem as dificuldades relacionadas com as CAAs. Essas comissões efetivamente realizaram um trabalho objetivo e sério? Tiveram tempo, expertise e autonomia funcional e política para realizar a avaliação dos contratos? Naturalmente, na ausência de um trabalho criterioso que busque eliminar critérios subjetivos, torna-se tarefa muito árdua a realização de um esforço sério de avaliação de desempenho que será empreendido pelas CAAs.

Outra aproximação com o tema das reformas administrativas é reveladora para se realizar uma boa análise sobre o processo de contratualização de desempenho. A literatura especializada tem mostrado que o sucesso das reformas administrativas é *path dependent*, ou seja, está diretamente ligado com o histórico da administração pública em cada país. Da mesma forma, o sucesso de um processo de contratualização estará intimamente ligado com uma série de variáveis relacionadas com o passado e a cultura histórica de cada órgão que assina o contrato de gestão. Assim, serão importantíssimas algumas características da instituição:

- será crucial a existência de uma cultura de avaliação prévia válida para o órgão e para os servidores;
- o *status* político e administrativo do órgão contratado em relação ao restante da administração pública é variável determinante;
- também será importante a existência de uma carreira forte e bem estruturada, com poder de barganha, na instituição que assina o contrato de gestão;
- o atual nível de eficiência administrativa da instituição, entre outros aspectos estruturais não menos importantes.

Por tudo isso, é evidente que a avaliação de uma experiência complexa como a de contratualização de desempenho é extremamente difícil, inspirando muita cautela por parte do analista. São essas dificuldades que, em alguma medida, limitam o escopo deste livro, que não pretendeu fazer uma avaliação exaustiva das experiências federal e de Minas Gerais, mas apenas levantar os aspectos mais relevantes que estão envolvidos nesse processo.

Depois de realizadas essas qualificações, faremos agora um levantamento das principais questões que foram citadas ao longo do trabalho. Inicialmente, é importante ressaltar a variedade de experiências de contratualização e agencificação dentro da administração pública brasileira, com União, estados e municípios, especialmente os maiores e mais importantes, trilhando caminhos que ora se aproximam, ora se distanciam. Esse trabalho se limitou a fazer uma aproximação em relação à experiência federal e do estado de Minas Gerais. Naturalmente, o que foi estudado e aventado nesse livro não seria, em princípio, automaticamente aplicável às outras experiências em curso pelo país afora. De qualquer forma, como muitos problemas são comuns a todo e qualquer processo de contratualização, algumas conclusões que apontamos são também válidas para outras experiências específicas não abordadas neste trabalho.

Um espectro muito conhecido da administração pública brasileira ronda com especial atenção as experiências de contratualização e agencificação: o fantasma da descontinuidade. Na administração pública, como é amplamente relatado pela literatura especializada, várias medidas inovadoras de gestão são esquecidas com a mesma rapidez com que são introduzidas, inspirando grande cuidado por parte do gestor público e do analista. Essa descontinuidade costuma ser danosa para todo e qualquer processo de inovação, mas é especialmente perversa com os processos que exigem um ciclo mais longo de amadurecimento para produzir os melhores frutos, como é nitidamente o caso do processo de contratualização e agencificação. A questão da falta de persistência gerencial e de apoio político para levar adiante processos de modernização administrativa no setor público é antiga e já conhecida dos analistas, sendo observável inclusive nas democracias liberais mais consolidadas, como os Estados Unidos e os da Europa Ocidental.

No Brasil, em função de uma engenharia política bastante peculiar, o problema da descontinuidade na administração pública assume feições assustadoras. A ciência política demonstra que a combinação entre presidencialismo de coalizão e uma estrutura federativa com estados muito autônomos do ponto de vista político implica uma dificuldade enorme em gerar bases governistas estáveis. Nesse contexto institucional, com muitos partidos e atores políticos envolvidos, a formação de coalizões governistas estáveis é muito difícil, implicando intensa alternância de políticas públicas. Exemplo agudo desse mal profundo que grassa a administração pública brasileira pode ser constatado na própria maneira de se distribuírem os cargos superiores de direção. Não raro, determinado partido nomeia o ministro de Estado e outra agremiação com perfil ideológico totalmente diferente, fica com a secretaria executiva do mesmo ministério. Assim, em sentido vertical, essa divisão política, cultural e ideológica se reproduz no preenchimento dos cargos mais estratégicos do ministério em questão, inviabilizando a formação de um conjunto harmonioso de políticas públicas, resultando em um verdadeiro retalhamento administrativo da instituição.

É evidente que essa estrutura é altamente instável, importando em rupturas bruscas, descontinuidade administrativa e dificuldade em se definir com clareza um conjunto de diretrizes a ser perseguido pela administração pública. Toda essa longa explicação se faz necessária para que possamos entender com clareza as dificuldades que o processo de contratualização tem enfrentado no âmbito da administração pública federal. Naturalmente, essa experiência difícil também paira como uma ameaça sobre os processos mais recentes que observamos nos estados da Federação.

Depois de passar todo o primeiro mandato (1995-98) criando as condições institucionais e legais para viabilizar o processo de contratualização, o governo Fernando Henrique praticamente abandonou o modelo das agências executivas e das OSs no segundo mandato (1999-2002). Os números são contundentes nesse sentido: uma única agência executiva e apenas sete OSs foram criadas. Certo abandono é observável não apenas em função dos números reduzidos, mas também pela falta de apoio político, pela persistência dos contingenciamentos nos órgãos que assinaram contratos de gestão e pela insuficiente coordenação do modelo por parte do extinto Mare, assumida posteriormente pela Secretaria de Gestão do Ministério do Planejamento.

Com o início do novo governo, marcado pela posse do presidente Lula em 1º de janeiro de 2003, o processo de descontinuidade que já se delineava intensificou-se profundamente. Não houve a criação de nenhuma agência executiva ou OS no novo governo, praticamente selando o destino dessas experiências de contratualização. Mesmo o formato inicial das agências reguladoras passou a ser questionado e discutido, não conseguindo o novo governo aprovar, no Congresso Nacional, um projeto de lei que discipline a matéria. Assim, até o início do último ano do primeiro mandato do presidente Lula foi criada apenas uma única agência reguladora, a Agência Nacional de Aviação Civil, em 27 de setembro de 2005.

Dessa forma, é possível sustentar que a tímida experiência federal de contratualização e agencificação, que mesmo no governo de FHC já passava por um processo de abandono, especialmente no formato das OSs e agências executivas, sofreu uma forte descontinuidade sob o governo do presidente Lula. No primeiro mandato (2003-06), praticamente o único modelo que sobreviveu, com significativas alterações, foi o das agências reguladoras.

Não pretendendo entrar no mérito da questão nesse momento, ou seja, prescindindo de discutir se o processo de contratualização deveria ou não persistir ou mesmo aprofundar-se no governo do presidente Lula, desejamos apenas destacar esse forte processo de descontinuidade. Acreditamos ser importante ressaltar que as experiências estaduais em curso ou em fase de implementação correm um sério risco de descontinuidade ou abandono em função da instabilidade do quadro político brasileiro. Uma experiência dessa envergadura e complexidade, que requer um processo de amadurecimento institucional lento e pedagógico, é extremamente sensível à instabilidade do presidencialismo de coalizão brasileiro, inspirando especial atenção por parte de governantes, gestores públicos e analistas.

Nesse sentido, visando evitar sucumbir como presa fácil da descontinuidade que caracteriza a administração pública brasileira, os processos de contratualização e agencificação requerem necessariamente uma coordenação forte e eficaz, além de exigir apoio político enorme dentro do governo, seja estadual ou federal. Esse representa o *nó górdio* da questão e onde encontramos a maior fragilidade desse novo modelo de gestão, mais especificamente: o processo de contratualização e agencificação é extremamente vulnerável porque carece de apoio político irrestrito e constante, requerendo também enorme determinação administrativa e gerencial por décadas.

Enfim, escapar dessa armadilha cruel é condição fundamental para o sucesso das experiências que estão em curso nos estados e municípios da Federação. Essa é, provavelmente, uma das maiores lições a serem aprendidas com a experiência federal na implantação desses novos modelos de gestão, que correm o risco de sucumbir diante da instabilidade política que atinge a administração pública brasileira nos três níveis de governo e poderes.

Em outra linha de argumentação, ressaltamos que o sucesso na implantação do pregão como nova modalidade de licitação, trazendo agilidade e transparência para o processo de compras governamentais, causou um abalo profundo nas experiências de flexibilização das regras administrativas, impactando especialmente o processo de contratualização. Uma das vantagens mais difundidas que inclusive justificava a criação de regras mais flexíveis para OSs e agências executivas é precisamente a possibilidade de realizar compras de maneira mais ágil, leia-se sem as supostas amarras da Lei nº 8.666, de 21 de junho de 1993.

Com o aparecimento do pregão, em grande medida esses argumentos perdem sentido, uma vez que essa nova modalidade é ágil e bem menos burocrática, podendo ser processada totalmente por meio eletrônico e transparente, com enorme potencial para evitar a corrupção e diminuir a morosidade. Eis a grande lição que ficou evidente com o sucesso na implantação do pregão eletrônico: melhor e mais eficiente do que buscar atalhos e subterfúgios para evitar a utilização de regras entendidas como excessivamente burocráticas é realizar um esforço no sentido de melhorar e aperfeiçoar o marco legal existente. Como a administração pública necessita, e sempre necessitará, de um marco legal bem estruturado e definido, a opção mais inteligente é aperfeiçoar e modernizar a legislação existente, ao invés de sempre buscar caminhos alternativos que passam ao largo das premissas mais fundamentais que devem pautar a ação do Estado.

Assim, com o aperfeiçoamento da legislação que trata das aquisições governamentais, podemos combinar elementos como eficiência, agilidade, controle e transparência no gasto público sem a necessidade de criar novos formatos jurídicos como OSs e agências executivas. Como são perceptíveis e gritantes as falhas institucionais referentes ao controle da administração pública brasileira, deficiências que perpassam tanto o controle social quanto as instituições estruturadas como os tribunais de contas, a flexibilização da legislação referente às aquisições governamentais pode gerar muito desvio e corrupção. Assim, os regulamentos próprios exigidos para as OSs e Oscips, além do aumento dos limites de dispensa de licitação para as agências executivas, podem abrir um espaço considerável para a corrupção. Em boa medida, essas flexibilidades tornaram-se indefensáveis e insustentáveis com a introdução do pregão, especialmente em sua forma eletrônica.

Como argumentado anteriormente, pode tornar-se explosiva e perigosa a combinação entre a flexibilização de regras administrativas e as falhas observáveis no controle dos gastos públicos. Esse quadro institucional pode potencializar antes corrupção e patrimonialismo que eficiência e agilidade na administração pública brasileira.

No intuito de aperfeiçoar o marco legal existente, caminhou corretamente a administração pública federal com a publicação do Decreto nº 5.504, de 5 de agosto de 2005. O decreto estabelece a obrigatoriedade do pregão, preferencialmente na forma eletrônica, para entes públicos ou privados, nas contratações de bens e serviços comuns realizadas em decorrência de transferências voluntárias de recursos públicos da União, decorrentes de convênios ou instrumentos congêneres, ou consórcios públicos.

Especificamente direcionado para as experiências de contratualização foi incluído o §5º, que textualmente rege:

> Aplica-se o disposto neste artigo às entidades qualificadas como Organizações Sociais, na forma da Lei nº 9.637, de 15 de maio de 1998, e às entidades qualificadas como Organizações da Sociedade Civil de Interesse Público, na forma da Lei nº 9.790, de 23 de março de 1999, relativamente aos recursos por elas administrados oriundos de repasses da União, em face dos respectivos contratos de gestão ou termos de parceria.

A realidade é que o advento do pregão eletrônico, com suas características de transparência e agilidade, tornou desnecessária, incongruente e mesmo insustentável a manutenção dos regulamentos próprios de aquisições e contratações, que claramente buscavam contornar e driblar a legislação existente de compras governamentais. O correto recuo da União em relação aos regulamentos próprios deve ser urgentemente adotado por estados e municípios em suas legislações específicas, sendo injustificada a manutenção de institutos simplificados de compras que tanto deixam vulnerável a administração pública brasileira.

Em perspectiva comparada, ponderando custos e benefícios, é possível afirmar que os esforços no aperfeiçoamento da legislação de compras governamentais, que envolveram menos recursos, pequena alteração do marco legal e exigiram menor articulação e sustentação política, trouxeram mais resultados perceptíveis que o processo de contratualização. A criação de novas formas jurídicas como agência executiva, OSs e Oscips proporcionalmente custou muito tempo, energia política, esforço administrativo e capacidade de articulação institucional, não obstante acarretar pequeno impacto ou benefício no âmbito geral da administração pública federal.

Nesse aspecto específico, não deixa de ser paradoxal constatar que o governo Fernando Henrique passou o primeiro mandato buscando desenvolver as condições legais e institucionais para a criação de OSs e agências executivas para, em seguida, já no segundo mandato, praticamente abandonar o modelo. Por esse ângulo, acreditamos que houve muito esforço administrativo e político, intensa mobilização de recursos financeiros e humanos para atingir pequenos resultados. Por outro lado, apesar de significar pequena alteração do marco legal existente, a implantação do pregão eletrônico causou um impacto muito forte na administração pública federal, com ampla repercussão nos estados e municípios da Federação.

Uma discussão mais ampla, diretamente ligada à filosofia política, também pode nos ajudar um pouco na compreensão dos problemas da administração pública brasileira em geral, e em relação ao processo de contratualização em particular. Na ciência política, uma discussão complexa e polêmica atravessou séculos e envolveu inúmeros pensadores. A questão foi inicialmente posta da seguinte maneira: qual governo seria melhor – aquele onde reina a vontade dos homens ou aquele onde prevalece o império das leis? O argumento dos fautores do governo dos homens baseava-se na constatação de que, em muitos casos, um governante capaz, honesto, hábil e bem-intencionado, em uma palavra, o rei-filósofo, seria tolhido pelas amarras das leis e dos costumes de determinado Estado. Assim, para realizar um bom governo, seriam mais importantes as habilidades e virtudes pessoais dos governantes, que deveriam prevalecer sobre toda a estrutura legal.

Por outro lado, conhecendo a precariedade do ser humano e a tendência já estabelecida historicamente de usurpação do poder, uma corrente de pensadores procurou demonstrar que boas leis evitam maus governantes e garantem a estabilidade institucional, não devendo a sociedade ficar sujeita às qualidades pessoais dos políticos. Praticamente todos os pensadores liberais clássicos aderiram ou ajudaram a estabelecer o atual consenso de que o império das leis é infinitamente superior ao governo dos homens. As obras clássicas de Maquiavel, Locke, Rousseau, Montesquieu e uma infinidade de autores liberais consolidaram o entendimento de que as leis devem prevalecer sobre os homens, mesmo sobre os que apresentam as melhores intenções pessoais e as condições ideais para governar. Na Antiguidade, Aristóteles e Platão já faziam a defesa enfática do império das leis. Nesse sentido, reproduzimos uma passagem brilhante e contundente de Platão:

> Onde a lei é súdita dos governantes e privada de autoridade, vejo pronta a ruína da cidade (do Estado); e onde, ao contrário, a lei é senhora dos governantes e os governantes, seus escravos, vejo a salvação da cidade e a acumulação nela de todos os bens que os deuses costumam dar às cidades.[28]

Mas qual seria exatamente a relação entre essa discussão histórica, abstrata e teórica e o processo de contratualização na administração pública brasileira? Acontece que, por politização excessiva e amplo predomínio de uma cultura patrimonialista, a administração pública brasileira vive um paradoxo enorme, que se reproduz no processo de contratualização: a busca incessante pelas melhores leis e pelo arranjo institucional mais adequado tem como contrapartida a escolha criteriosa dos administradores menos capazes. Assim, como os melhores cargos e as posições mais estratégicas do Estado são negociados nos balcões atrasados do patrimonialismo brasileiro, a escolha dos altos administradores usualmente recai sobre os nomes menos adequados, potencializando a corrupção e a ineficiência.

Dessa forma, a administração pública brasileira vive um paradoxo enorme, qual seja, a necessidade de uma busca frenética por novos arranjos institucionais, que dificilmente irá ser bem-sucedida enquanto perdurar a visão predatória que a classe política tem sobre o Estado. Não existe chance de sucesso de nenhuma regra

---

[28] Apud Bobbio, 1997:96.

de administração diante do loteamento voraz e predatório da administração pública brasileira, em que rotineiramente a escolha dos altos administradores recai sobre os homens menos preparados para as melhores posições da máquina pública. Assim, de nada adianta a elaboração de contratos de gestão sofisticados e complexos, que terão como executores administradores públicos incompetentes e descomprometidos com o Estado brasileiro.

Retomando os conceitos iniciais dessa discussão, é consagrado que o governo das leis é muito superior ao dos homens. Por outro lado, a escolha dos homens que irão gerenciar a máquina pública brasileira é fundamental. No entanto essa escolha, inclusive pela própria fragilidade profissional do corpo de profissionais da máquina pública, se dá através de critérios essencialmente políticos, desconsiderando aspectos técnicos, meritocráticos e profissionais. Em um ambiente como esse, não há quadro institucional e legal que seja adequado, garantindo eficiência e lisura. Por melhores que sejam as regras administrativas, elas jamais irão resistir à investida dos homens mais vorazes que dividem entre si o butim da administração pública brasileira, que há séculos tem acontecido independentemente da coalizão política vencedora nas urnas.

E, assim, a administração pública brasileira vem caminhando ao longo dos séculos. Ao mesmo tempo em que se busca desesperadamente aperfeiçoar a legislação contra a corrupção, nomeiam-se como altos dirigentes dos órgãos os indivíduos menos escrupulosos. Da mesma forma que se busca aperfeiçoar freneticamente a administração do Estado brasileiro, criando novas formas de gestão, as escolhas políticas dos dirigentes normalmente recaem sobre os mais incompetentes. Nesse cenário, seria razoável imaginar que um conjunto de boas nomeações para os cargos mais estratégicos da administração pública teria um impacto maior, com potencial para causar uma verdadeira revolução no gerenciamento do Estado brasileiro, do que transformações mais ambiciosas do marco legal existente.

Nesse quadro adverso, são anuladas quase que integralmente quaisquer chances de sucesso das reformas que buscam a modernização da administração pública brasileira. Assim, é preciso reconhecer que as reformas gerenciais, como a contratualização e agencificação, por exemplo, ainda continuarão a pagar um tributo enorme à qualidade dos homens que chegam ao topo da administração pública brasileira. Uma vez alcançado o poder, as coalizões políticas vencedoras estão livres para partilhar de maneira patrimonialista a administração pública, jogando por terra boa parte dos esforços voltados para o aperfeiçoamento dos instrumentos de gestão.

Por outro lado, especificamente com relação às Oscips, não poderia deixar de enfatizar, nessa fase final do trabalho, a preocupação com relação a duas premissas perigosas que permeiam essa discussão. Em grande parte dos trabalhos que defendem novas parcerias do Estado com a sociedade fica subentendido que:

- há uma generalizada falência da administração pública brasileira, que teria perdido a capacidade de formular, gerenciar, implantar e controlar políticas públicas;
- usualmente se confere automaticamente um atestado de idoneidade e capacidade técnica ao vasto e heterogêneo terceiro setor. Especificamente no caso brasileiro, esse suposto atestado é atribuído às entidades qualificadas como Oscips pela própria legislação, que não faz exigências no sentido de averiguar a competência técnica das entidades qualificadas.

Em nome desse entendimento equivocado do problema, muitos erros foram cometidos e praticados, resultando em corrupção e ineficiência. Em princípio, é equivocado atestar a falência do Estado brasileiro, especialmente no que se refere à capacidade de implementar políticas públicas. Não desconsiderando as dificuldades de todos já conhecidas, em pelo menos duas grandes e cruciais áreas sociais a administração pública teve um desempenho considerável nas últimas décadas.

Na área da educação, houve a universalização do ensino básico, reduzindo drasticamente a evasão e o analfabetismo. É claro que precisamos ainda de um salto qualitativo na rede pública de ensino, mas um grande impulso foi dado e já traz alguns bons resultados. Quanto à saúde, a implantação do SUS depois da CF/88 representa uma grande obra da administração pública brasileira, que simplesmente deu um salto quantitativo exponencial nos últimos anos, assegurando saúde gratuita para 180 milhões de brasileiros. É dificílimo equacionar o problema da saúde pública diante de três características principais:

- universalização do acesso;
- aumento da expectativa de vida dos brasileiros;
- população extremamente numerosa, como é nosso caso. Poucos países no mundo conseguem equacionar a universalização do sistema de saúde para uma população tão grande, desafio especialmente duro para um país pouco desenvolvido como o Brasil. Enfim, apesar das dificuldades apontadas, muito já foi construído e realizado na saúde pública brasileira nas últimas décadas.

Esses exemplos foram buscados exatamente para apontar que, apesar das dificuldades conhecidas e imagináveis, é equivocado o diagnóstico da falência do Estado brasileiro, pelo menos tal como aparece em boa parte dos estudos que tratam das novas formas de intervenção do Estado. A conseqüência mais perversa perceptível nessa concepção de Estado é inviabilizar qualquer esforço no sentido de resgatar os níveis de eficiência da administração pública brasileira através de investimento e profissionalização.

O financiamento desordenado das Oscips pode representar um atalho fácil e rápido para realizar políticas públicas em parceria com entidades de direito privado. Por outro lado, corre-se o risco de sucateamento total do Estado, que requer investimentos consideráveis que necessitam de um longo ciclo de maturação para garantir a recuperação e o aperfeiçoamento de sua capacidade de ação. Não raro observamos o Estado repassando verbas públicas consideráveis para as Oscips ao mesmo tempo em que órgãos da administração que cuidam da mesma política pública passam por um processo agudo de sucateamento e abandono, criando um círculo vicioso envolvendo ineficiência e falta de investimento. Essa armadilha é perigosa e deve ser contornada quando se adota uma proposta mais arrojada de implantação de políticas públicas através de entidades do terceiro setor. Na ausência de critérios objetivos e bem definidos, corre-se o sério risco de deixar o Estado sucateado e os servidores desmotivados, enquanto se fazem investimentos enormes em entidades que estão fora da administração pública.

Com relação às Oscips, o problema é de outra natureza; a própria legislação parte do princípio de que o terceiro setor é mais eficiente que a administração pública. Tanto na experiência federal quanto na de Minas Gerais não encontramos nada de mais substantivo na legislação no que se refere à aferição da qualidade técnica, administrativa e operacional das Oscips que recebem recursos públicos. Como dito anteriormente, não existe um conjunto de critérios técnicos e objetivos para subsidiar a escolha das empresas que recebem recursos públicos, deixando uma margem enorme para corrupção e ineficiência, como inclusive tem ocorrido amiúde com essas organizações do terceiro setor. Trabalhando totalmente fora do marco legal da administração pública, essas instituições necessariamente teriam que passar pelo teste da qualidade técnica e da lisura para receberem verbas do orçamento público. Essa tarefa de aferição, apesar da obrigatoriedade da intervenção das comissões de avaliação, ainda não está garantida pela legislação atual.

Levantando outro conjunto de preocupações, entendemos que as CAAs representam o coração de todo e qualquer processo de contratualização de desempenho por exigir duas qualidades raras na administração pública brasileira, especialmente quando requeridas simultaneamente: alta capacidade técnica e autonomia política. Tanto na experiência federal quanto na mineira encontramos problemas sérios quanto à coordenação e ao acompanhamento dos contratos por parte do Ministério do Planejamento e da Secretaria de Planejamento e Gestão, respectivamente. O desafio maior a ser superado é criar uma cultura de avaliação permanente, séria, independente e profissional, o que não tem ocorrido com as CAAs, que não têm agregado os quadros técnicos mais adequados para realizar essas importantes atribuições.

Os órgãos de controle interno e os próprios tribunais de contas sofrem pressões políticas que dificultam ou mesmo inviabilizam seus trabalhos. De maneira muito mais intensa, uma comissão de avaliação próxima da cúpula dos acordantes ou repassadores de recursos através dos termos de parceria estará sujeita às pressões políticas. Desenvolver essa expertise de avaliação e criar áreas técnicas realmente autônomas dentro dos órgãos supervisores ou intervenientes é um desafio que ainda está inteiro para ser superado, comprometendo seriamente as experiências de contratualização de desempenho em curso.

Se mesmo as recomendações dos órgãos de controle interno e dos tribunais de contas encontram fortes resistências para serem observadas pelos gestores públicos, imagine as dificuldades das CAAs, que não possuem formação profissional apropriada para o acompanhamento dos contratos e não têm força ou autonomia institucional para aplicar punições ou recomendar correções. O desafio é que, não obstante as dificuldades apresentadas, o bom trabalho das CAAs é vital, representando condição essencial para o sucesso de qualquer experiência de contratualização de desempenho.

Assim, os órgãos envolvidos nos processos de contratualização, especialmente os supervisores ou responsáveis pela coordenação e implantação do modelo, necessitam realizar um esforço adicional para fortalecer, institucionalizar e sedimentar uma cultura sólida de avaliação através de CAAs capazes de assumir integralmente essas tarefas. A permanecerem as condições atuais, tanto na esfera federal quanto na experiência de Minas Gerais, acredito que obstáculos importantes precisam ser superados em função de falhas de coordenação e monitoramento observáveis nos trabalhos das CAAs.

Uma solução para esse complexo e difícil problema provavelmente seria a criação de algumas comissões especializadas no acompanhamento dos contratos de gestão e termos de parceria. Essa comissão seria composta por técnicos altamente qualificados e com dedicação integral à tarefa de delas participar. Assim, com autonomia e boa estrutura técnica e administrativa, a CAA poderia desenvolver a expertise necessária para garantir o sucesso das experiências em curso. Tendo em vista a natureza difícil e desgastante do trabalho de acompanhamento e avaliação, que gera atritos políticos e institucionais graves, a localização institucional dessas comissões fora do alcance dos órgãos acordantes seria essencial para a realização de um trabalho sério e profissional. Tanto a legislação federal quanto a estadual analisadas prevêem reuniões muito espaçadas das CAAs, desconsiderando a necessidade cotidiana e diuturna do trabalho de acompanhamento, que deve se estender do planejamento à avaliação final dos contratos de gestão.

Um outro conjunto de problemas que envolvem o processo de contratualização de desempenho está relacionado com a experiência de descentralização e flexibilização de regras que a administração pública brasileira experimentou antes da CF/88. Em primeiro lugar, cabe destacar as dificuldades de controle e coordenação que surgiram ao longo das décadas, implicando sérias disfuncionalidades administrativas. Apesar de previstos no Decreto-lei nº 200/67, os maiores gargalos do processo de descentralização nas décadas de 1960 e 1970 estão relacionados com as falhas da supervisão ministerial. Os analistas apontam que os órgãos descentralizados, chamados pela literatura especializada de administração indireta, cresceram muito e se tornaram praticamente autônomos. Os ministérios não desenvolveram uma expertise de avaliação e coordenação, por ausência de condições culturais, administrativas e operacionais, resultando em absoluto descontrole gerencial e político das instituições descentralizadas, ou seja, autarquias, fundações públicas, sociedades de economia mista e empresas públicas.

Assim, a recente história brasileira inspira atenção redobrada diante da combinação entre descentralização (agências reguladoras, OSs e agências executivas também são modalidades de descentralização administrativa) e flexibilização de regras administrativas, pressupostos básicos do processo de contratualização de desempenho e agencificação.[29] Claramente, em especial a flexibilização adminis-

---

[29] A rigor, as agências executivas já integram a administração indireta, uma vez que a lei de criação fala claramente que apenas autarquias e fundações públicas podem se qualificar. Como as agências reguladoras são autarquias de regime especial, juridicamente estamos diante de um processo de descentralização administrativa. Quanto às OSs, parece-me que existe uma certa indefinição, uma vez que são entidades de direito privado prestando serviços de utilidade pública, com orçamento, bens e servidores públicos. Em algumas situações, o direito privado é derrogado pelo direito público. De qualquer forma, apesar de o Plano

trativa relacionada com as compras governamentais, pode trazer problemas adicionais ao complexo processo de contratualização, reproduzindo os equívocos e desvios observados antes da Carta de 1988.

A experiência recente da administração pública brasileira não deve ser desconsiderada nesse contexto, alertando para as armadilhas da flexibilização de regras administrativas. Também é essencial a necessidade de ampla e intensa coordenação e supervisão por parte das instituições envolvidas no processo, especialmente do Ministério do Planejamento e da Secretaria de Planejamento e Gestão, no caso específico de Minas Gerais.

Finalizando o livro, uma última preocupação com relação aos servidores públicos dever ser mencionada. Para o sucesso de um contrato de gestão, a adesão e o envolvimento dos servidores públicos são de fundamental importância. Acontece que a cultura prevalecente na administração pública brasileira é muito refratária às experiências inovadoras de gestão, que são dificultadas por apatia, desmotivação e baixas qualificação e remuneração dos servidores. Nos órgãos visitados e estudados não encontrei efetivamente servidores envolvidos e esclarecidos sobre a assinatura dos contratos de gestão, indicando falhas de comunicação entre os dirigentes e os servidores, especialmente os que ocupam os escalões baixos e intermediários da administração pública. Essa situação aponta para a necessidade de se realizar um melhor investimento no envolvimento e na mobilização dos servidores públicos, que efetivamente devem ser sensibilizados e informados sobre as possíveis mudanças que o processo de contratualização acarretará nas repartições em que trabalham.

Ainda com relação ao aspecto da comunicação, acredito que os órgãos responsáveis pela coordenação e implantação desse novo modelo de gestão deveriam escolher algumas experiências mais bem-sucedidas e realizar um trabalho mais eficiente de divulgação, buscando dar visibilidade aos contratos de desempenho. Assim, focando e divulgando algumas dessas experiências, seria possível agregar visibilidade e massa crítica ao modelo, com potencial para aperfeiçoar a recente e complexa experiência brasileira de agencificação e contratualização de desempenho.

Diretor falar em descentralização, em livro clássico, Di Pietro (2005) tratou as OSs no capítulo das entidades paraestatais e terceiro setor, entendendo-as como entidades de apoio, que caminham paralelamente ao Estado.

BIBLIOGRAFIA

ABRANCHES, Sérgio. Uma nova aberração. *Revista Veja*, n. 1.862, 2004.

ABRUCIO, Fernando Luiz. *Os barões da Federação*. São Paulo: Hucitec, 1988.

BARRETO, Maria Inês. As organizações sociais na reforma do Estado brasileiro. In: BRESSER-PEREIRA, Luiz Carlos; GRAU, Nuria Cunill (Orgs.). *O público não-estatal na reforma do Estado*. Rio de Janeiro: FGV, 1999.

BARRIONUEVO FILHO, Arthur. Intervenção estatal, agências reguladoras e controle do poder econômico. In: DRAGO, Pedro Aníbal; LEVY, Evelyn (Orgs.). *Gestão pública no Brasil contemporâneo*. São Paulo: Fundap, 2005.

BOBBIO, Norberto. *O marxismo e o Estado*. São Paulo: Graal, 1979.

_____. *Estado, governo, sociedade*. Para uma teoria geral da política. 6. ed. Rio de Janeiro: Paz e Terra, 1997.

CARNEIRO, Carla; COSTA, Bruno; DE FARIA, Carlos. *O processo de implementação e gestão de políticas sociais sob a ótica dos conselhos*. Relatório final de pesquisa. Belo Horizonte: Fundação João Pinheiro. ms.

CAVALCANTI, Bianor Scelza; RUEDIGER, Marco Aurélio; SOBREIRA, Rogério. (Orgs.). *Desenvolvimento e construção nacional*: políticas públicas. Rio de Janeiro: FGV, 2005.

COSTA, Valeriano Mendes Ferreira. A dinâmica institucional da reforma do Estado: um balanço do período FHC. In: ABRUCIO, Fernando Luiz; LOUREIRO, Maria Rita (Orgs.). *O Estado numa era de reformas*: os anos FHC – Parte 2. Brasília: MP, Seges, 2002.

DI PIETRO, Maria Sylvia Zanella. *Direito administrativo*. 18. ed. São Paulo: Atlas, 2005.

FERRAREZI, Elisabete. *Oscip*: saiba o que são organizações da sociedade civil de interesse público. Brasília: Agência de Educação para o Desenvolvimento, 2002.

GAETANI, Francisco. Políticas de gestão pública para o próximo governo. *Res Publica – Revista de Gestão Governamental e Políticas Públicas*, v. 1, 2002.

HOBBES, Thomas. Leviatá. 3. ed. São Paulo: Abril Cultural, 1983. Coleção Os Pensadores.

LIMA JÚNIOR, Olavo Brasil de. As reformas administrativas no Brasil: modelos, sucessos e fracassos. *Revista do Serviço Público*, v. 49, n. 2, abr./jun. 1998.

MELO, Marcus André. As agências regulatórias: gênese, desenho institucional e governança. In: ABRUCIO, Fernando Luiz; LOUREIRO, Maria Rita (Orgs.). *O Estado numa era de reformas*: os anos FHC – Parte 2. Brasília: MP, Seges, 2002.

MICHELS, Robert. *Sociologia dos partidos políticos*. Brasília: UnB, 1982.

OLIVEIRA, Gesner; RODAS, João Grandino. *Direito e economia da concorrência*. Rio de Janeiro: Renovar, 2004.

OLIVEIRA, Ricardo de. *O processo de modernização do Inmetro*. Relato de uma experiência. Disponível em: www. inmetro.gov.br. Acesso em: 31 jul. 2002.

OLSON, Mancur. *A lógica da ação coletiva*. São Paulo: USP, 1999.

PAULA, Ana Paula Paes de. *Por uma nova gestão pública*. Rio de Janeiro: FGV, 2005.

PECI, Alketa; CAVALCANTI, Bianor Scelza. Reflexões sobre a autonomia do órgão regulador: análise das agências reguladoras estaduais. *Revista de Administração Pública*, v. 34, n. 5, p. 99-118, set./out. 2000.

PLANO DIRETOR DA REFORMA DO APARELHO DO ESTADO. Brasília: Presidência da República, nov. 1995.

PECI, Alketa. Reforma regulatória no Brasil da pós-privatização. In: MARTINS, Paulo Emílio Matos; PIERANTI, Octávio Penna (Orgs.). *Estado e gestão pública*: visões do Brasil contemporâneo. Rio de Janeiro: FGV, 2006.

PINOTTI, José Aristodemo. Um calote criminoso no SUS. *Folha de S. Paulo*, 31 jul. 2006.

POLLITT, Christopher; BOUCKAERT, Geert. Avaliando reforma da gestão pública: uma perspectiva internacional. *Revista do Serviço Público*, v. 53, n. 3, jul./set. 2002.

PUTNAM, Robert. *Comunidade e democracia*: a experiência da Itália moderna. 4. ed. Rio de Janeiro: FGV, 2004.

REZENDE, Fernando; CUNHA, Armando (Orgs.). *Disciplina fiscal e qualidade do gasto público*. Rio de Janeiro: FGV, 2005.

RIBEIRO, Ludmila Deute. *A (in)definição do modelo institucional das agências reguladoras*. Trabalho apresentado na Anesp, 2006. ms.

ROBBINS, Stephen. *Comportamento organizacional*. Rio de Janeiro: Livros Técnicos e Científicos Editora S.A., 1999.

ROUSSEAU, Jean-Jacques. *Do contrato social*. São Paulo: Nova Cultural, 1991. Coleção Os Pensadores.

TORRES, Marcelo Douglas de Figueiredo. *Para entender a política brasileira*. Rio de Janeiro: FGV, 2002.

_____. *Estado, democracia e administração pública no Brasil*. Rio de Janeiro: FGV, 2004.

TRIBUNAL DE CONTAS DA UNIÃO. *70ª Apreciação das Contas do Governo da República*. Exercício 2004.

WEBER, Max. *Economia e sociedade*: fundamentos da sociologia compreensiva. Brasília: UnB; São Paulo: Imprensa Oficial do Estado de São Paulo, 1999. v. 2.

Esta obra foi impressa pela
Armazém das Letras Gráfica e Editora Ltda. em papel
off set Primapress para a Editora FGV
em setembro de 2007.